insel taschenbuch 1420
Esther Gallwitz
Kleiner Kräutergarten

Kleiner Kräutergarten

von Esther Gallwitz
Kräuter und Blumen
bei den Alten Meistern im Städel
Mit farbigen Abbildungen
Insel Verlag

Umschlag und Farbtafel S. 8/9:
Das Paradiesgärtlein. Oberrheinischer Meister um 1410
Foto: Blauel/Gnamm, Artothek

insel taschenbuch 1420
Erste Auflage 1992
Erstausgabe
© Insel Verlag Frankfurt am Main und Leipzig 1992
Alle Rechte vorbehalten
Vertrieb durch den Suhrkamp Taschenbuch Verlag
Umschlag nach Entwürfen von Willy Fleckhaus
Satz: MZ-Verlagsdruckerei GmbH, Memmingen
Druck: Nomos Verlagsgesellschaft, Baden-Baden
Printed in Germany

1 2 3 4 5 6 – 97 96 95 94 93 92

Inhalt

Anhang

Das Paradiesgärtlein

In dem kleinen Bild ist eine irdische Vorstellung vom himmlischen Paradies gemalt. Der Maler, den man nicht kennt, hat die Marienszene in einen Garten gesetzt, in dem die Pflanzen eines ganzen Sommers gleichzeitig blühen. Es sind Marienpflanzen, es sind auch Heilpflanzen und solche mit magischer Kraft, und ihre Nähe zu den Personen und Tieren erhellt ihren Sinn. Marias Tugenden, Marias Leiden sind in den allbekannten Blumen und Kräutern symbolisiert. Die Rose steht unter dem Lebensbaum, und unter dem Baum der Erkenntnis und des Todes wächst die Lilie. Marienröslein, Goldlack, Levkoje, Schwertlilie und Malve blühen im Hochbeet, die Zeitlose, das Veilchen und die Schlüsselblume zu Marias Füßen. Ehrenpreis und Taubnessel umgeben die heilige Dorothea, die Kirschen pflückt. Barbara schöpft Wasser, am Brunnenrand wachsen Bachbunge und Wegerich. Über Maiblumen, Margerite und Pfingstrose zupft das Christuskind die Saiten des Psalteriums, das Katharina hält. Der Drache liegt tot auf dem Rücken zwischen Immergrün und Akelei, Sankt Georg hat ihn besiegt. Der schwarze Dämon neben dem Erzengel Michael sitzt unter Erdbeeren. Neben dem heiligen Oswald wächst der Ackersenf. Viele Pflanzen breiten sich im Rasen aus, alle kann man erkennen, benennen, so wie der Maler sie vor fast sechshundert Jahren gesehen hat.

Das Paradiesgärtlein ist eines der frühesten Bilder, in dem Pflanzen naturgetreu und in der Natur gemalt sind. Es ist der Garten Eden auf der Erde, Christi Schicksalsgarten, und zugleich anzuschauen als ein Ort zwischen Welt und Überwelt, ein Abglanz der Marienmystik im Gewand von Minnekult und Rittertum des späten Mittelalters.

Anfänge der Botanik

Diesseits von Eden

Dann Gott ists selbst, der dem Adam und seinem Weib den Erdboden mit aller seiner Zierung und Getreid, frei ledig geschenkt und unterthänig gemacht hat«, erklären Hieronymus Bock und Otto Brunfels, mit ähnlichen Worten, in Vorreden zu ihren Kräuterbüchern. Bibeltreu sehen sie in Gott den ersten Botaniker, dem Adam als zweiter folgt. »Wo nun Adam kein Unterschied derselben, welche zur Nahrung tauglich oder untauglich wären, dabei gewußt, hätte er eben so bald ungesunde, vergifftete, schädliche Gewächs, als die gesunden zur Kost gewählet«, aber »der Geist Gottes hat Adam und Heuah gelehrt, ihnen Namen zu geben und die Gewächs richtig zu gebrauchen. So erfind sichs abermals, dass Adam nach Gott der erst gewesen, durch welchen alle Ding fürder den Menschen sind angezeigt worden.« Adams Kinder und Enkel brachten die einfachen Dinge von Pflanzen und Säen voran, bis schließlich die Chaldäer und Ägypter mit ihrem Verstand die ganze Mühsal durchdringen wollten, die Pflanzen für mehr als nur für Nahrung nahmen, sie genauer kennenlernten und dies in ihren Schriften auf Stein und Papyrus auswiesen; Quellen, die fortmurmeln im Strom antiker Überlieferungen. Der Garten Eden, das Zweistromland, Ursprungsland vieler Gewächse, von diesem wußten unsere Gelehrten im 16. Jahrhundert, von den Sumerern war allerdings noch kaum die Rede, die babylonischen Tontafeln waren unentziffert.

Die »Väter der Botanik« Brunfels, Bock und Fuchs waren Kenner vieler Quellen und stellten ihren illustrierten Pflanzenbüchern kurze Bemerkungen über aller-

erste Anfänge voran, die ahnen lassen, wie sie trotz ihrer
frommen, für uns naiven Äußerungen Natur und deren
Ordnung durchschauen wollten. »Welche Götter die
Kräuter den Menschen erstmals angezeigt«, über-
schreibt Brunfels das einleitende Kapitel. Nicht allein bei
den Heiden, womit er vor allem das klassische Altertum
meint, sondern auch bei den Hebräern und Christen findet er Göttern und Heiligen zugeordnete Pflanzen. Daß
aber zum Beispiel das Kräutlein Ysop von »unseres
Herrn Jesus göttlicher Hand selbst« gepflanzt sein soll,
davon zu sprechen und es womöglich zu glauben, hält er
für lächerlich. Jedoch sieht er ein Zeichen der Hochach-
tung vor der Natur darin, daß sich mit Gott und mit den
Göttern die Namen von Pflanzen verbinden und die
Kräfte anzeigen, die diese den Gewächsen verleihen. So
ist Aesculus, die Eiche, dem Jupiter, der Lorbeerbaum
dem Apollo, der Ölbaum der Minerva, die Weinrebe dem
Bacchus, die Myrthe der Venus geheiligt, das las man bei
Homer, bei Ovid. Die Frage, welcher unter solchen »Ab-
göttern« der allererste gewesen war, entzweite die Poeten und die Berichterstatter der Historie. Merkur? Der
König Apis von Ägypten? Ein Sohn Apollos oder dieser
selbst? Und danach Äsculap: Die Heiligkeit verbindet
sich ja mit der Heilkunst. Denken wir daran bei diesem
Namen? – Doch, so meint Brunfels, stimmten die meisten überein, daß die Ägypter den Anfang dieser Kunst
gemacht hätten, die dann auf die Griechen und »erst gar
spat und zu letzt« auf die Römer gekommen sei, die sie
»schwer angenommen hätten, auch viele Ärzte aus Rom
getrieben, dieweil diese die Römer für Barbaros gehalten, und sie ohn Bedauern zu dem Kirchhof abfertigten«.
Plinius habe sie Henker und Mörder genannt, die dafür
auch noch Lohn bekämen.

Heil und Verderben schien den Nachkommen Adams
offenbar in gleicher Weise der »richtige Gebrauch« der

Gewächse. Vor allem die Herrscher, von denen einige in der Geschichte der Botanik die »gekrönten Giftmischer« genannt werden, zogen Bilsenkraut, Schierling, Nieswurz und Eisenhut, studierten die Wirkung der Gifte, suchten und fanden Gegengifte. Der berühmteste war Mithridates, Eupator von Pontos, der im »Selbstversuch« täglich zuerst das Gegengift – bis ins 19. Jahrhundert noch als Mithridat bekannt –, danach das Gift zu sich nahm. Solch frühe Immunisierungsexperimente stellte er nicht nur in übermäßiger Sorge um sein Leben an, es war auch ganz allgemein die Kenntnis der Arzneimittel, gleichzeitig mit Sprachkenntnissen und feinerer Geistesbildung bei den Machthabern modern geworden. Sie waren sich aber nicht zu fein, daß sie nicht Gegner, auch eigene Söhne und »Freunde« mit Gift beseitigt hätten. Die gefährlicheren Dosen von Gift und Gegengift wurden manchmal, auch viel später noch, Verbrechern verabreicht, um ihre Wirkung zu erfahren; den Delinquenten wurde durch eine Art »Wahrheitstest« damit vielleicht eine Überlebenschance gegeben, zumindest versprochen. Sokrates allerdings trank den Schierlingbecher willentlich »pur«.

Die wichtigsten Gewährsmänner für die Väter der Botanik waren Dioskurides und Plinius, aber auch Galenus. Diese vermittelten ihnen nicht nur botanisches und »pharmazeutisches« Wissen, sondern vor allem medizinisches. Dioskurides und Plinius lebten etwa zur selben Zeit, ihre Werke stimmen in den Pflanzenbeschreibungen oft wörtlich überein. Man nimmt an, daß Plinius den Dioskurides gelesen hat, dieser aber nicht jenen. Ihr gemeinsamer Gewährsmann war Theophrast, der Schüler von Aristoteles, in dessen Schriften das verlorengegangene botanische Werk seines Lehrers überliefert und ebenso die Lehre des Hippokrates eingegangen und erweitert ist.

Dioskurides oder Dioscorides aus Anazerba war in der zweiten Hälfte des ersten Jahrhunderts nach Christus tätig. Er ging mit den römischen Legionen als Militärarzt nach Afrika, Spanien und Gallien, lernte fremde Drogen und Heilmethoden kennen und beschrieb sie. Sein Hauptwerk, eigentlich eine Arzeneimittellehre, ist zugleich eine spezielle Pflanzenkunde, die etwa fünfhundert Arten umfaßt, methodisch in natürliche Gruppen geordnet, Verwechslungen vorbeugend. Das erste seiner fünf Bücher beginnt mit den Aromen, Ölen, Salben, Bäumen und deren Säften, Harzen und Früchten. Schon seit ältesten Zeiten waren die sogenannten Aromen Stoffe, deretwegen weltweite Verbindungen entstanden, wovon man bereits in der Bibel lesen kann. Im zweiten Buch gibt es die Tiere, den Honig, die Milch, das Fett, das Getreide, die Gemüse und die »scharfen Pflanzen« Lauch, Zwiebeln und Senf. Das dritte Buch handelt von den Wurzeln, Extrakten, Kräutern und Samen, den gewöhnlichen und offizinellen. Das vierte beschreibt weitere Kräuter und Wurzeln, und das fünfte Buch behandelt den Weinstock, Mineralien und Zauberpflanzen.

Gajus Secundus Plinius der Ältere, der von 23 oder 24 bis 79 nach Christus lebte, geht davon aus, daß die Natur alles nur wegen des Menschen erzeuge, seine Botanik ist angewandte Botanik. Die 37 Bücher seiner »Historia naturalis« umfassen die Himmelskunde, Sterne und Wolken, das Wasser, die Luft, die Erde mit ihren Gesteinen, Menschen, Tieren und Pflanzen. Neben den Ergebnissen der sozusagen exakten Wissenschaft des Theophrast verwendet er manche zweifelhafte Quelle, wie den Pseudo-Orpheus, Pseudo-Pythagoras, den falschen Demokrit und andere Schreiber aus dem alexandrinischen Zeitalter mit vertrauenerweckenden altgriechischen Namen. Sie hinterließen Epigramme, amüsante und aufregende, von Magie, Wunderdingen und Giften. Plinius ordnet das gesammelte Wissen nach geographischen und nach den Gesichtspunkten von Gebrauch und Nutzen. Sechzehn der Bücher gelten der Botanik. Er kennt etwa tausend Pflanzen, macht morphologische Angaben, aber den Obstbäumen folgt die Myrthe, deren Beeren, und der Lorbeer, dessen Zweige man brauchte bei Triumphen und Ovationen. Die Waldbäume liefern Laubkränze, Nüsse und Eicheln, die Nadelhölzer Harz. Viele von ihnen werden zu Bauholz. Baumzucht, Krankheiten und Merkwürdigkeiten der Bäume füllen ein eigenes Kapitel. Gartenfrüchte, Zierpflanzen, schönfarbige und wohlriechende, ebenfalls für Kränze, gehen den Bienenpflanzen voran. Die Arzeneipflanzen, die wildwachsenden, eßbaren, haben als wichtigste Eigenschaft verborgene Heilkräfte. Eines der Bücher ist allein der Ordnung der Krankheiten und den dagegen dienenden Pflanzen gewidmet.

Claudius Galenus, geboren 131 n. Chr. in Pergamon, lebte etwa siebzig Jahre. In Philosophie und Medizin höchst bewandert, bereiste er auch botanisierend den vorderen Orient, blieb aber dann in Rom. Dort hielt er Vorlesungen und wurde kaiserlicher Leibarzt, zuletzt von Marc Aurel. Trotz eines sehr bewegten Lebens, auch die Flucht aus Rom vor der Pest gehört dazu, verfaßte er Schriften, die schließlich einundzwanzig Bände mit je 800 bis 1000 Seiten füllten und die zu den Grundlagen der Medizin wurden. Darin verbindet er Anatomie und Physiologie mit der Krankheits- und Heilmittellehre. Die Behandlung von Kranken mit natürlichen Heilmethoden wird methodisch dargelegt. Seine Rezepte für »einfache Heilmittel«, die »simplicia«, enthalten ein System genauester Dosierung. Er empfiehlt die Bücher des Dioskurides und bringt in seiner Arzeneimittellehre keine eigenen Pflanzenbeschreibungen. Sein Grundsatz war, die Pflanzen in jedem Wachstumsstadium so gut kennenzulernen, daß man nicht darauf angewiesen sei, sie zum Beispiel aus Kreta einzuführen, wenn sie in der eigenen Umgebung wachsen.

Stellvertretend für eine lange Ahnenreihe sind diese Klassiker der Pflanzenkunde vorgestellt, Großväter oder Urgroßväter unserer deutschen »Väter der Botanik«. Wir überqueren die Alpen und sehen uns im Norden und zu Hause um.

Über den Bergen und in den Wäldern

Die Germanen, auch sie ahnungsvolle Nachfahren Adams, hatten ihre Gottheiten in den Bäumen sitzen. Ihr Baumkult, ihre Zeremonien in den Heiligen Hainen sind nicht schriftlich überliefert. Am rechten Ufer der Weser war dem Donar ein Hain geweiht. Der heilige Baum des Donnergottes war, wie der Jupiters, die Eiche. Die zaubermächtigen Medizinmänner und heilkundigen Frauen brauchten bilisa, das Bilsenkraut als einschläferndes Mittel und zur Abwehr von Dämonen, ein apotropäisches Narkotikum. Wacholder, althochdeutsch wechalter, das ist der immergrüne Strauch, wurde mit seinen Beeren gegen Fäulnis und epidemische Krankheiten verwendet, Alant war das Kraut gegen die Ruhr. Eine Krankheit war der Überfall eines Dämons auf den menschlichen Körper, er drang in ihn ein, oder er wirkte verheerend aus der Ferne. Zauberformeln und Pflanzen taten gemeinsam ihre heilende und bannende Wirkung. Das Wissen ging vom Vater auf den Sohn über; das nannte man nicht Wissenschaft.

Von Caesar, aber vor allem von Tacitus lernten wir das meiste über unsere Vorfahren, nicht genug allerdings über die Pflanzenwelt, in der die Germanen und Kelten lebten. Es gibt sie nicht, die gewissenhaften Pflanzenver-

zeichnisse, wie sie die Mittelmeervölker haben, die vor
allem in Rom in den frühen Jahrhunderten nach Christus entstanden sind. Erst der in Rom lebende und am
Hof Kaiser Arcadius' wirkende Gallier und Christ Mar-
cellus Empiricus tritt um 410 n.Chr. mit einem Verzeichnis auf, einem frühen Rudiment der Flora Gallica,
das für das Volk und nicht für Gelehrte geschrieben
war, mit vielen keltischen Pflanzennamen aus dem
Volksmund. Trotz darin enthaltener Absurditäten aus
dem Zauberbereich gilt es bei einigen Historikern der
Botanik als das seit Plinius reichste Pflanzenverzeich-
nis.

Mit Römern kam, wie bekannt, der Weinbau über die
Alpen; die wilde Rebe hatte es allerdings sehr wohl
schon seit Vorzeiten in der oberrheinischen Tiefebene
gegeben. Mit den Boten des christlichen Glaubens, den
Mönchen, kamen aber auch Pflanzen, eßbar und heilsam, die man vorher nicht hatte hierzulande. Schweigen
wir von den Kämpfen der Christianisierung. Sprechen
wir von den kleinen Gefechten, die entbrennen, wenn
ein Kräutlein plötzlich einen anderen Namen bekommen soll. Wenn es zum Namen, der Gesundheit verspricht, kein Kräutlein gibt, weil aus den Samen im nördlichen Klima nichts »herauskriechen« will; wenn eine
mitgebrachte Staude den Winter nicht überlebt, und
wenn man gar nicht weiß, was gut oder schlecht fürs
Kräutlein ist.

Die vielen Krankheiten der Menschen! In gelehrten
Büchern steht, was hilft. Namen. Zuerst gar keine Bilder.
Viel später erst Bilder, die die Frommen malen, mit
menschlichen Figürchen im Blätterkleid, Wurzelleiber,
Blumengesichter, schwer zu übertragen auf die Wirk-
lichkeiten in Garten und Medizin. Man hat das doch
schon gewußt, womit man heilt. Warum also nennen wir
nicht das bewährte Gewächs mit dem neuen, dem klu-

gen lateinischen Namen? Unterdessen ist einiges aber gottlob wirklich angewachsen.

Es wächst in Jahrhunderten eine neue Einstellung zur ärztlichen Kunst. Sie wird sachlicher, wissender. Sie wird allmählich eine Wissenschaft. Man spricht und schreibt Latein und Griechisch. Unter Gebeten sprießt Wissensdrang und Bildung. Noch waren viele in Klöstern aufgewachsene und weißbärtig gewordene Mönche in den Naturwissenschaften naiv und trotz der Anschauung in ihren Gärtchen blind, wenn sie zum Beispiel glaubten, die Enten wüchsen auf Bäumen, wo gleichzeitig die Äpfel reiften. Viel Zeit geht hin, die Äpfelchen faulen. Die Ente als Baumfrucht ist zur Fastenzeit erlaubter Genuß. Die Klöster kommen langsam herunter.

Währenddessen sind die Araber die besten Botaniker geworden. Sie sind es noch weit ins Mittelalter hinein. In den Schulen der Moscheen, ihren Krankenhäusern, ihren Bibliotheken und Sternwarten, an den Höfen der Kalifen wurde gelehrt und gelernt. Rases, Avicenna und andere Ärzte und Forscher sicherten auch den Fortbestand der antiken Schriften, die sie in ihre Sprache übersetzten. Der Kalif von Bagdad hatte Verbindung mit den fränkischen Herrschern. Pipin, der Vater Karls des Großen, bewarb sich um Freundschaft, schickte feierlich Gesandte mit kostbaren Geschenken, die Karl der Große mit noch größerem Prunk wiederholte. Hatte das Einfluß auf sein Regiment?

Als Karl der Große das heilige römische Kaiserreich gründete, zog er Gelehrte ins Land, ließ heruntergekommene Klosterschulen wieder herstellen, mit vorzüglichen Lehrern versehen und Bibliotheken einrichten. Schlecht stand es um die Medizin, Weihwasser und Reliquien der Heiligen waren die Arzeneien. Quacksalber ersetzten die Ärzte. Karl der Große selbst hatte keinen Leibarzt. Er verordnet den Geistlichen, Kindern die Heil-

kunst zu lehren; das führt zu einer Art kirchlichem Hilfs-
dienst in Krankenpflege. Da erläßt er eine Domänenord-
nung, das »Capitulare de villis«. Dessen letztes Kapitel,
über die Kräuter und Bäume für die Hofgärten, fängt so
an: »Volumus quod in horto omnes herbas habeant«, zu
deutsch: »Wir wollen, daß im Garten alle Kräuter vorhanden sind«. So wurden Arzeneipflanzen angebaut in
jedem Kammergut, sie waren die Hausmittel, wo die
Ärzte fehlten. Das Verzeichnis der Gewächse, es sind
etwa hundert, enthält viele Heilpflanzen, die Namen,
teils deutsch, teils lateinisch, schwierig zu deuten. Trotz-
dem, ein Juwel der Naturgeschichte. Die Liste wurde
von unseren Mönchen eifrig erhirnt, die Pflanzen be-
schafft und für Klostergärten tauglich gefunden, vor allem für die heute berühmten im südlichen Norden.

Ein Abt, eine Äbtissin

Der eine Garten im Süden nördlich der Alpen ist der Klostergarten von Sankt Gallen. Man kann die alte Anlage
mitsamt lebendigen Pflanzen dort heute noch studieren.
Der andere Garten im Süden lag auf der Insel Reichenau.
Er war kleiner als der in Sankt Gallen, ebenfalls aber
nach genauem Plan bebaut, mit 24 Pflanzen. Im Klostergarten der Abtei Reichenau, die 724 gegründet wurde,
sieht der kaum 18jährige Walahfrid Strabo, ein Jahrhundert später, vielleicht etwas wie den Paradiesgarten. Der
junge Mönch wird ein Dichter und Gelehrter, der den
christlichen Bräuchen und der Bibel auf den Grund geht,
und mit fünfunddreißig Jahren ist er der junge Abt des
Klosters. Er unterrichtet seine Klosterschüler, die Ab-
schriften lateinischer und griechischer Bücher werden
unter seiner Aufsicht überaus schön und fehlerlos.
Einige Jahre lebt er am Hof König Ludwigs des From-

men, dessen Sohn er erzieht. Mit zweiundvierzig Jahren ist er tot, gestorben auf einer Gesandtschaftsreise nach Frankreich. Seine irdische Unsterblichkeit ist aufbewahrt im »Hortulus«.

Der kleine Kräutergarten, Hortulus, ist ein vollendetes Gedicht von 26 Strophen in 444 Hexametern. Ein Eingangsvers und eine Widmung umspannen die 2×12 Strophen zu den 24 Pflanzen des Gartens. Diese Vierzahl bezieht sich auf die vier Elemente, die vier Jahreszeiten und die vier Naturen der Körper: trocken, feucht, kalt, warm. Anschauungen von der Natur, die Augustinus lehrte. Die Zahl 40 bedeutet die irdische Mühsal. Die Zahl 4 symbolisiert die christlichen Kardinaltugenden, die vier Evangelisten und das Kreuz Christi in seinen vier Ausmaßen: Länge, Breite, Höhe, Tiefe.

Auch die Anlage des Gartens selbst ist in einer vierteiligen Struktur sinnfällig, indem 2 mal 4 Beete im inneren Bereich, dem Herbarius, und 4 mal 4 Beete im diesen umfassenden Hortulus angeordnet sind. Der Grundriß ist quadratisch und zeigt den Zusammenhang mit einem Kreuzgang.

Auf gleichgroßen, rechteckigen Beeten des Herbarius wuchsen, immer zu viert nebeneinander:

Salbei, Raute, Schwertlilie, Polei-Minze
Kerbel, Sellerie, Liebstöckel, Fenchel.

Diese umgab der Hortulus aus ebensolchen Beeten mit:

Mohn, Lilie, Rose, Rettich
Wermuth, Andorn, Frauenminze, Muskateller-Salbei.
Melone, Kürbis, Minze, Beifuß
Betonie, Odermennig, Ambrosie, Katzenminze.

Die hat Walahfrid vor seinen Fenstern, vor seiner Tür. In ihren Ranken, Blättern und Blüten sieht er die Ornamente der frühen Buchmalerei. In seinen Versen aber ist jede Pflanze ein Wesen, ein Individuum. Die Gewächse werden beobachtet, charakterisiert, regen den klugen

Dichter zu moralischen Gedanken an. Wie ein Refrain am Ende der Strophen, steht die medizinische Nutzanwendung, ein lakonischer Verweis auf die menschliche Hinfälligkeit, die durch richtigen Gebrauch der Naturkräfte für kurze Zeit aufgehoben ist. Keine Botanik, sondern poetische Bilder, in wohllautendem Latein.

Acht Jahre alt war das Mädchen Hildegardis, von einem Ritterschloß an der Nahe kam es zu den Benediktinerinnen in der Nachbarschaft und war 1136, mit 37 Jahren, die junge Äbtissin derselben. Sie regte den Klosterneubau auf dem Ruprechtsberg bei Bingen an, in dem sie dann bis 1179 lebte.

Daß sie eine Heilige sei, konnte man sehr früh erfahren. Sie brauchte nichts zu lernen, hatte für all ihr Wissen Eingebungen, die ihr sogar das Lateinische spontan verständlich gemacht haben sollen. Ihre Visionen, und daraus gezogene Weissagungen, waren von den Mächtigen ihrer Zeit gesucht und gefürchtet. Viele ihrer Prophezeiungen galten Mißständen in der Kirche, aber auch weltlichem Machtmißbrauch. Doch standen Fürsten, Kaiser und Päpste mit ihr in Verbindung. Sie suchten ihren Rat in Gewissensfragen, wechselten Briefe mit ihr, die erhalten und veröffentlicht sind.

Hochmodern ist diese Heilige heute geworden und für uns Frauen höchsterfreulich, denn endlich gibt es außer Eva auch eine »Mutter« der Naturgeschichte, bekanntgeworden im Zusammenhang mit Grünem Bewußtsein. Ihre Meriten liegen vor allem in ihrem Genie, sowohl mystisch als auch exakt zu sein. Eine fast unerreichbare Tugend und Charakterstärke.

Ihre vier Bücher der »Physica« enthalten die Anfänge und Grundlagen unserer heimischen Naturforschung und eine erste, aus dem Volk überlieferte Heilmittellehre, die nicht von Dioskurides abgeleitet ist. Hildegard nennt die Pflanzen mit ihren altdeutschen Namen, und ihre »Lehren von den einfachen und den zusammenge-setzten Heilmitteln« sind zugleich Quellen für alte deut-sche Ausdrücke. Das 19. Jahrhundert nahm Anstoß an ihrer Sprache und hielt für obszön, was in medizinischen Schriften natürlich benannt und besprochen wurde. Da-bei war die Klosterdame selbstverständlich eine Vertre-terin der Keuschheit, hat auch, anstelle der vielen Aphrodisiaka in den Werken der Griechen, Römer und Araber, hauptsächlich Mittel zur Abstumpfung der Lüste empfohlen.

Ihr Wirken ist gegenwärtig in einer Sekundärliteratur zu finden, deren Gegenstand oft eher der Mystizismus und nicht so sehr ihre klare Heilkunde ist.

Pflanzenkörper, Pflanzenseele

Albertus Magnus tritt an, im 13. christlichen Jahrhun-dert, der Zeit Kaiser Friedrichs II., seinen großen Vor-gänger Artistoteles der Welt neu zu vermitteln. In schneller Folge waren dessen Werke aus dem Arabi-schen, auch zum Teil dem Griechischen, übersetzt wor-den. Den gelehrten Theologen und Naturforscher Al-bert, Graf von Bollstädt, Dominikaner und Bischof von Regensburg, beschäftigen die alten Texte so sehr, daß er sie zu durchdringen vermag. Immer in den Grenzen seiner strengen Rechtgläubigkeit, machte er sich daran, philosophisches Denken und eine freie Beobachtung der Welt und ihrer Geschöpfe mit seinem Christentum zusammenzubringen. Aristoteles war für ihn die zweite Autorität neben der Kirche. Albert behandelt alle Ge-genstände im aristotelischen Sinne, auch die, von de-nen ihm dessen Bücher fehlen. Sein botanisches Werk »De Vegetabilibus« hat zur Grundlage eine gleichnamige pseudoaristotelische Schrift, die er fraglos für echt hielt.

Haben die Pflanzen eine Seele? Das ist die erste Frage, die Albert nach Aristoteles mit Ja beantwortet. Jeder Körper, der sich aus sich selbst bewegt, ist beseelt. Wachstum setzt Bewegung voraus, ohne sie gäbe es weder Ernährung noch Fortpflanzung.

Das zweite Problem kommt aus der Lehre Platons mit der Frage, ob die Pflanzen Gefühl und Verlangen besäßen, die Aristoteles und Albert verneinen.

Das dritte, schwierige, aber konkrete Problem ist der Pflanzenschlaf. Der Schlaf, so die Meinung von Sokrates und Platon, sei die Reaktion der Körper auf Kälte, indem sie sich durch Schlaf der Außenwelt verschließen. Die Blüten – das sahen schon die Sokratiker – wie sie sich nachts schlossen. Das große Rätsel Winterschlaf war eine Frage nach dem sensiblen Leben der Gewächse.

Das vierte Problem ist die Ungewißheit, ob den Pflanzen eine Geschlechtlichkeit wie den Tieren zukomme. Da weder die Griechen noch Albertus Blütenorgane mit Geschlechtsfunktionen in Zusammenhang bringen konnten, nimmt Albertus nur eine vage Analogie zu den Tieren an.

Daraus ergibt sich das fünfte Problem, ob die Fähigkeit, sich ohne Geschlechtlichkeit zu vermehren, die Pflanzen höher stelle als die Tiere. Die Stufenleiter der Geschöpfe bis zum Menschen stand aber bereits in der Antike fest, und man sah in der geschlechtlichen Vermehrung die höchste Form, dem höchsten Geschöpf, dem Menschen, angemessen.

Das sechste und letzte Problem stellt das Pflanzenleben selbst dar. Die Pflanzen werden mit Mineralien verglichen, deren Leben verborgen und deren Wachstum an kein Maß gebunden scheint. Die Bäume konnten, für die Menschen im Altertum, unendlich und in den Him-

mel wachsen. Albertus schränkt ein, daß die Arten gewisse Grenzen der Größe oder Kleinheit setzen, als eine
oft schwer erkennbare Wirkung der Seele. Aber keine
Sinnesorgane, keine Bewegungsorgane wie bei den Tieren sind bekannt, dunkel ist das Walten der Seele auch
bei der Fortpflanzung. Für das Pflanzenindividuum gibt
es nach Albertus kein Geschlecht. Hingegen enthalten
die Samen die Eigenschaften von zwei Geschlechtern:
die männliche Wärme und Kraft zur Entwicklung, dazu
der weibliche Stoff, der Feuchte und Kälte in sich hat.
Der Same als Embryo, die Erde der Uterus. Die Wurzel,
der Mund der Pflanze, liegt im Dunkel der Erde, ist ab-
wärts gerichtet, nimmt passiv durch Poren die herbei-
strömende Nahrung auf. Die Wurzel ist aber auch das
Herz der Pflanze, das dem aufgenommenen Saft Bewegung verleiht und erste Wärme gibt. Die Sonnenwärme
unterstützt die schwache Eigenwärme der Gewächse,
ermöglicht Wachstum und Vermehrung. So gleicht die
Pflanze einem umgekehrten Menschen, weil sich die
Wurzel, die dem Mund entspricht, unten befindet. Es
gibt gefräßige und enthaltsame Pflanzen, solche, die
schwitzen und leicht verfaulen. Eine eigentümliche Fähigkeit der Pflanzen, das Sprossen, die die Tiere nicht
haben, fördert die Idee vom unbegrenzten Wachstum.

Die Einteilung der Pflanzen, von denen Albertus etwa
390 Arten nennt, geht von den höchsten, den Bäumen
über Bäumchen, Sträucher, Stauden, Kräuter bis zu den
niedrigsten, den Pilzen. Arten können ineinander übergehen, so wird Weizen zu Roggen bei schlechter Ernährung und unter besseren Verhältnissen Roggen zu Weizen. Von Aristoteles über Theophrast und Plinius bis hin
zu Albertus waren alle von der Wandelbarkeit der Arten
überzeugt.

Die Gestalt der Pflanze wird geprägt durch Einflüsse
des Himmels. Die Sonnenhitze drückt von oben nach un-

ten und bewirkt eine halbkugelige Form der Baum-
krone. Die sechs Zeichen des Tierkreises wirken an dieser Bildung mit. Besonders deutlich wird das Prinzip der
bildenden Kraft an den aus weicheren Stoffen bestehen-
den Pilzen.

Von der Funktion der Blätter, deren Adern den Venen
verglichen werden, von den Wegen des Pflanzensaftes,
des Innensafts, dem Blut der Gewächse, von den Knoten,
die diesen aufhalten, handelt ein Kapitel. Das Mark führt
den Lebensgeist in sich, ist Stellvertreter der Wurzel, wie
das Mark der Tiere Stellvertreter des Gehirns ist. Die
Rinde vergleicht sich dem Tierfell und zeigt bei Verlet-
zungen Narben. Sie besteht aus erdigen Stoffen, ist außen hart und innen weich.

Die Blüten werden nach Formen unterschieden, so die
ungefähr einem Vogel mit seinen Flügeln oder seinem
Schwanz ähneln (Akelei), oder die einem Glöckchen
oder einer Kugel gleichen (Winde), und so fort.

Als allererster aber hat Albertus Kenntnisse von den
Staubblättern dargelegt, die neu sind. Er beobachtet bei
Getreiden an der Stelle der späteren Frucht gelbe, her-
abhängende Wolle und findet beim Weinstock ein gelbes
Pulver dort, wo die Traube entstehen soll. Er wider-
spricht den ägyptischen Philosophen, die sagten, der
Weinstock blühe gar nicht, und hat sogar gesehen, daß
kleine Stiele (Staubfäden) die »Körner« (Pollensäcke)
mit dem »Boden der Blume« fast aller Pflanzen verbinden, in großer oder kleiner Zahl.

Die entscheidenden Schlüsse kann er nicht ziehen.
Zwar sagt er, die Frucht gleiche den tierischen Eiern, der
Name fructus aber entspreche dem ökonomischen, nicht
dem Naturzweck, während der Name semen, der Same,
den Zweck der Arterhaltung und Vervielfältigung be-
deute.

Wie Pflanze mit Pflanze sich vereinigen: Wie der Säugling mit der Amme, so der Efeu mit allen Pflanzen, an denen er klimmt. Wie die Haare mit dem Tierfell, so das Moos und die Flechte mit der Rinde der Bäume. Das Reis vereinigt sich mit der Pflanze, auf die man es pfropft. Werden auch die zwei Seelen der Pflanzen vereinigt? Sicher nicht bei den ersten zwei Beispielen, gewiß jedoch beim dritten.

Edle Pflanzen können verwildern, verwilderte veredelt werden. Der Eichbaum wird zum Weinstock, wenn an der Stelle des gefällten Baumes die Zweige verfault sind. Zarte Kräuter werden zu Sträuchern und gar zu Bäumen. Übernatürliche oder göttliche Kräfte sind in Betonie und Eisenkraut, magische Pflanzen für Weissagung und Liebeszauber.

In Albertus' Botanik gibt es eine sehr moderne Feststellung: Woraus die Pflanze besteht, das muß ihr durch den Ernährungsprozeß von außen zugeführt sein. Diese Substanz kann nicht einfach sein, sondern ist vielfach zusammengesetzt und muß sich im Zustand befinden, in dem sie den Gliedern zugänglich ist, im Zustand der Auflösung. Wir sagen »in wäßriger Lösung«.

Unserer heutigen Ökologie hat Albertus in seinen Studien über Pflanzenstandorte vorgedacht. Er beobachtet, auch im Zusammenhang mit landwirtschaftlichen Fragen, halogene Pflanzen an salzhaltigen Standorten, Wasserpflanzen, Sumpfpflanzen, Parasiten. Misteln allerdings entstehen aus dem faulen Saft der Wirtspflanze und, immer im Sinne der Schöpfung, ist aus Sonnenkraft und Fäulnis Urzeugung, sogar von Bäumen, möglich.

Ob Goethe ein Rezept, das er beschrieb zur Urzeugung von Flöhen im Staub von Parkettritzen, selbst noch ernst nahm?

Vier Elemente

Ein Philosoph, politisch und kirchenpolitisch in Paris, Avignon und Wien lehrend, später Domherr in Regensburg, Konrad von Megenberg (um 1309 bis 1374), ist der erste, der eine Naturkunde in deutscher Sprache schrieb. Das »Puch der Natur«, 1475 zum erstenmal gedruckt, war im 14. Jahrhundert eine verbreitete Handschrift. Sie wurde zunächst für eine Übertragung aus dem Lateinischen nach Albertus Magnus gehalten, auch Megenberg selbst hielt seine Quelle eine Zeitlang für ein Werk desselben. Heute gilt es als freie Bearbeitung Megenbergs nach einer Vorlage, die von einem Schüler Alberts stammte.

Das fünfte Kapitel handelt von den Kräutern. Es beginnt mit der Grundsatzfrage, warum so »mancherlei Kraut sei, das aus der Erde wächst, und doch die Erde nur einerlei ist, wann sie ist ein einfältiges Element?« Sie wird von Megenberg beantwortet, die Kräuter kämen nicht aus einfältiger Erde, das Erdreich sei gemischt aus vier Elementen, Feuer, Luft, Wasser und aus lauterer Erde. Diese Mischung aber sei nicht immer dieselbe und also geeignet, Kräuter von mancherlei Gestalt zu fördern. Warum aber, zweitens, ein irdisch Ding wäßriger, ein anderes feuriger, das dritte und vierte luftiger oder erdiger Natur genannt werde, das führt er ebenfalls zurück auf die vier Elemente, von denen Feuer hitziger als Luft und Wasser feuchter als Erde sei. Das Leichte zieht darüber und ist luftig, das Schwere und Kalte aber ist irdisch, strebt nach unten. Vom letzten haben die Dinge der Erde das meiste. Die Metalle und Steine, aber auch Tiere, Bäume und Kräuter sind erdiger Art. Auf die dritte Frage, weshalb die hauptsächliche Eigenschaft bei einem Teil der Dinge entweder feurig oder wäßrig sei, wo sie doch alle zumeist aus Erde bestehen, hat Megenberg eine Antwort, die vor ihm niemand gefunden hatte: Allerdings besteht jedes Gebilde nach der größten Menge aus Erde. Ein bestimmter Teil eines Elements kann aber kräftiger wirksam sein als ein anderer. Ein pfefferkorngroßes Quantum Feuer oder Luft hat mehr Kraft und Wirksamkeit als eine große Menge Erde oder Wasser. Dazuhin nehmen die Dinge ihre Kräfte von den Formen und von den Eigenschaften, die ihnen der Himmel einprägt oder aufdrückt.

Was hat es zuletzt aber damit auf sich, daß Kräuter in demselben Garten wachsen, die so unterschiedlich sind: das eine warm, das andere kalt, eines süß, eines sauer und bitter, und die sich doch, jedes für sich, süß von Süßem, sauer von Saurem nähren müssen? Das alles aus derselben Erde? Dazu gibt es zu sagen, daß es nicht wirklich die vier Elemente sind, das würde den Kräutern nicht genügen zu ihrer Differenzierung. Diese kommt aus der Kraft der Sterne, als eine geistige Form, als Ebenbild der gemeinten Dinge. Der Einfluß der Gestirne wirkt auf die äußere Gestalt als Beweger in der Weise ein, daß er einen »Abdruck oder Eindruck auf den Spiegel der Vernunft« macht. Jedes Gebilde steht unter der Einwirkung eines eigenen Sterns am Himmel. Jedes Kraut zieht mit Hilfe dieses Sternes seine wechselnde Nahrung aus den vier Elementen, in der ihm eigenen Mischung. »Dazu helfen die Kräfte der heiligen Worte, damit man Gott anruft und die Kräuter beschwört und segnet.«

So sieht Megenberg auf das Entfernteste als auf das Größte. Ohne Fernrohr und ohne Mikroskop steht er, zweihundertfünfzig Jahre vor Galilei, dort in seiner Zeit, ohne unsere Hilfsmittel, allerdings nicht hilflos. Das Höchste, den Sternhimmel konnte er mit bloßem Auge sehen. Unseren abgrundtiefsten Blick ins Elektronenmi-

kroskop, in Chemie und Genetik, benötigte er zur Klä-
rung der Erscheinungen seiner Umwelt nicht. Erfor-
schung der göttlichen Ordnung, nicht Chaosforschung
war sein Ziel.

Wenn ihm bei der Abfassung seines Buches der Natur
in der Vorlage etwas zu widersinnig erschien, bemerkte
er dazu: »das glaub ich niht!« Daß der Donner ein Stein
sei, der vom Himmel falle, das glaubte er nicht. Daß viele
Kräuter Zauberkräfte besitzen, das hingegen glaubte er.
Jedoch scheut er sich, zuviel davon mitzuteilen, um
nicht dem nächstbesten »Gassenläufer« Geheimnisse zu
enthüllen, die der zum Schaden anderer gebrauchen
könnte.

Hort der Gesundheit

Am Ende des Mittelalters, im Jahr 1484, wird in Mainz
das erste Kräuterbuch gedruckt. Der »Herbarius Mogun-
tius«, in lateinischer Sprache, ein Handbuch für Ärzte,
Apotheker und heilkundige Mönche, bereits bereichert
durch Holzschnitte, auf denen man die Pflanzen erkennen konnte. Der Mainzer Drucker und Verleger Peter
Schöffer verkauft das Buch in mehreren Auflagen, und
andere verkaufen es in reichlichen Nachdrucken. Die
neue Kunst des Buchdrucks, sie nahm sich aber auch sofort der Laien an: in deutscher Übersetzung erschien bei
Schöffer schon ein Jahr später der »Ortus (Hortus) Sanitatis« als »Gart der Gesundheit«, ein medizinisch-bota-
nisches Volksbuch. Der Verfasser, Übersetzer und Her-
ausgeber war Stadtarzt in Frankfurt am Main, Johann
Wonnecke von Cube (Kaub am Rhein). Der »Herbarius«,
seine lateinische Vorlage, war umfangreicher gewesen.
Alle früheren und späteren lateinischen und deutschen
Ausgaben aber waren zusammengetragen aus vielen

Quellen, zu einem Mosaik aus griechischen, römischen und arabischen Schriften, dazu aus bekannten seriösen sowie dubiosen mittelalterlichen Werken. Nicht nur Ärzte und Naturforscher, sondern auch Dichter, Grammatiker und Theologen kamen zu Wort.

Es standen die Berichte der Kreuzfahrer und der »Weltumsegler« zur Verfügung. Geographen und Reisebotaniker vom 10. Jahrhundert bis zu Marco Polo hatten mit ihren Tagebüchern, Notizen und Funden Neues herbeigetragen. Die Erfahrungen Johann von Cubes auf eigenen Fahrten halfen ihm den Stoff zu bewältigen. In den Orient hatte er selbst einen Zeichner mitgenommen, der die ausländischen Gewächse nach der Natur festhielt. Mitteilungen und mitgebrachtes Pflanzenmaterial von Zeitgenossen, die unterwegs waren in die slawischen Länder, nach Griechenland, Ägypten, den vorderen Orient und in den fernen Orient hatten den Wissensstand vermehrt und lieferten seltene und oft seltsame botanische Merkwürdigkeiten.

So entstand der »Gart der Gesundheit«. Die Rezepte und Darstellungen stimmen in vielem mit dem anonymen »Herbarius« von 1484 überein. Das Buch verzeichnet 369, später 435 Arzeneipflanzen, abgebildet in Holzschnitten, die das Bestimmen der beschriebenen Pflanzen erleichterten. Die Holzschnitte der ausländischen Pflanzen waren wahrscheinlich nicht nach den angefertigten Originalzeichnungen, sondern nach älteren Vorlagen hergestellt, 69 von ihnen wurden später als frei erfunden entlarvt. Sie stammen, wie auch die Abbildungen der einheimischen Pflanzen, nicht aus einer Hand und zeigen große Qualitätsunterschiede. Durch viele Auflagendrucke beschädigte und abgenutzte Holzstöcke wurden repariert oder ersetzt, verloren Signifikanz. Der »Gart« wurde 1485 in Augsburg, ein Jahr später in Straßburg, dann in Ulm, 1490 in Basel und 1493 in Lübeck gedruckt.

Ein Großer »Hortus Sanitatis« für Gelehrte, lateinisch, kam in Mainz heraus. Er enthält 530 Pflanzen, 164 vierfüßige Tiere, 122 Vögel, 106 Wassertiere und 144 Edelsteine und Halbedelsteine.

Der »Gart der Gesundheit« war der ärztliche Ratgeber für Bürger und, wie der Verfasser selbst angibt, ein Armenrezeptbuch. Er wurde Bestseller und Trendsetter, um in der heutigen Sprache der damals begonnenen Neuzeit zu reden. In den Nachbarländern erschien er übersetzt und regte zu eigenen botanischen Druckwerken an, besonders in Italien und Frankreich.

Die Buchdruckkunst hatte also der Botanik ein Signal zum wiederholten Aufbruch gegeben. Erneut wird die klassische botanische Literatur studiert und verarbeitet. Zu der großen Zahl von Forschern und Ärzten, die in der ersten Hälfte des 16. Jahrhunderts wirkten, gehörte auch Pierandrea Mattioli, latinisiert Petrus Andreas Matthiolus, der vom Glück verfolgte Italiener. Er schrieb ein Commentar zu Dioskurides, eine Naturgeschichte aller Pflanzen, in italienischer und lateinischer Sprache. Es machte ihn sofort berühmt. Mehr als sechzig Ausgaben erschienen zwischen 1544 und 1563 in verschiedenen Ländern. Die zweite Auflage wurde, nach dem Erfolg der ersten, ehrgeizig mit schöneren Drucken illustriert.

Sein bedeutender Zeitgenosse Konrad Gesner (1516-1565), Arzt und Physiker in der Schweiz, starb, ehe sein botanisches Werk erscheinen konnte, an der Pest. Er hatte 1500 eigene Pflanzenzeichnungen in Holz schneiden lassen. Sein Nachlaß bestätigte, daß er zu Recht der »deutsche Plinius« genannt wurde. Gesner teilte die Pflanzen in Geschlechter ein, die aus Spezies oder Arten bestehen und deren übergeordnete Gruppen er Klassen nannte. Die Charakteristika sah er in den Blüten und Samen der Pflanze und schaffte damit die Voraussetzungen für Linée.

In dieser »Blütezeit« unserer Pflanzenkunde entstehen auch öffentliche Gärten unter der Obhut von Fachgelehrten. Es werden die botanisch-medizinischen Universitätsgärten angelegt: 1545 Padua. 1547 Pisa. 1580 Leipzig. 1597 Heidelberg. Dazu, wie schon lange Zeit in der Geschichte, legt man Kräuter zwischen Blätter von Papier und preßt sie für die großen Herbare. Sie bewahren und bringen, getrocknet, die reine Form von pflanzlichem Leben zur Anschauung.

Zauberkräuter

Unter den Heilgöttern des Altertums findet man Mercurius medicus, von Apollo mit einem Stab versehen, mit dem er Tote erwecken konnte. Mit diesem Stab entdeckte er die »Sympathie« der Pflanzen und Minerale und bestimmte Ort und Zeit für das Sammeln von Arzeneikräutern; der Zauberstab machte Merkur zum ersten Magier. Die Heilkräuter waren die heiligen Kräuter, wurden in Tempeln verschiedener Gottheiten aufbewahrt, wurden von den Priestern des Äsculap verwaltet, Medizin und Botanik waren eine Domäne der Mystik. Das sitzt bis heute, vielleicht nicht in den Köpfen, aber wohl in den Gefühlen des Menschen fest. Auch wir haben im anfälligen Körper anfällige Seelen. So bringen wir ein wenig Verständnis auf für die sympathetische Magie, von der in der Kräuterkunde die Rede ist. Da gab es früher Ärzte, die an ihrem eigenen Körper, stellvertretend, Krankheiten der Patienten behandelten, sie kurierten mit magischem Zwang. Da gab es später Joseph Beuys, der riet, das Messer zu verbinden, nicht den Finger, den es geschnitten hat.

Gleiches bringt Gleiches hervor, die Wirkung gleicht der Ursache. Das klingt nach Regeln der Vererbung, ist aber weit davon entfernt, die Magie kein Vorläufer der Wissenschaft.

Der Sonnenzauber, der die Sonne herbeizieht durch Abschießen brennender Räder von den Schwarzwaldvorbergen ins Rheintal in der Nacht vor dem Basler Morgenstreich, und die Osterfeuer, die an vielen Orten brennen, sind Analogiezauber. Komm wieder Sonne, hol sie aus der Erde, die Grünen, mach Blätter ans Holz! Der Regenzauber folgt, Leben und Fruchtbarkeit werden beschworen, verschüttetes Wasser bringt himmlisches Naß.

Agrippa von Nettesheims »Natürliche Magie«, gedruckt 1530, setzt voraus, daß alles Niedere von Höherem beherrscht wird und von dort seine Kräfte erhält. Gott, der Urquell, strömt sie aus, über Engel, Himmel, Sterne, Elemente, Tiere, Pflanzen, Metalle, Steine und von diesen in den Menschen. Sie fließen von Gott durch die Allseele, die Quintessenz, das fünfte Element. Die Pflanzen aber gehören allen vier irdischen Elementen an, die Wurzeln der Erde, die Blätter und der Saft dem Wasser, die Blüten in ihrer Zartheit der Luft und die Samen, das Lebensfeuer, dem Feuer.

Similia similibus curantur: Ähnliches mit Ähnlichem heilen Obscuranten und Ärzte, nach den Regeln der Sympathielehre, bis ins 18. Jahrhundert. Die gelbe Blume oder der gelbe Pflanzensaft beseitigen Gelbsucht, die Blutwurz Blutkrankheiten, der Steinsame Blasensteine und so fort. Theophrast von Hohenheim, genannt Paracelsus (1493-1541), brachte diese Entsprechungen, als Signaturenlehre, in das System seiner Naturphilosophie. Auch seine grundsätzlichen Vorstellungen entsprachen dem Zeitgeist.

Sulfur, der Schwefel, stellte das Prinzip der Veränderlichkeit dar, der Verbrennbarkeit, des Wachstums. Sal, das Salz, bedeutete Stetigkeit und Feuerbeständigkeit.

Mercurius stand für Flüssigkeit, das vermittelnde Element. Diese drei werden gefesselt und zusammengehalten vom Leben und werden erst im Tod frei. Luft ist das Grundprinzip des Lebens, Grundelement des Pflanzenkörpers die Erde, in ihr sind die Samen aller Pflanzen unsichtbar enthalten, keimen, wachsen und reifen durch feuchte Wärme. Hervorgezogen aus der Erde aber wird jede Pflanze durch ihren besonderen, eigenen Stern. Jedes Kraut ist ein irdischer Stern, jeder Stern ist ein vergeistigtes Kraut: Stella Rosmarinii, Stella Absinthii und so fort, ein himmlisches Herbarium, »schöner als Gold und Edelsteine«. Auf der Erde ist die Verschiedenheit der Gewächse durch die Mischung von Sulfur, Sal und Mercurius in den Samen bedingt. Der Ort ihres Hervortretens wurde bestimmt in der ursprünglichen Scheidung, der Verteilerkraft der Schöpfung.

Durch Sympathie werden Stoffe und Kräfte der Pflanzen auf Menschen übertragen und umgekehrt die Kräfte und Stoffe der Menschen auf Pflanzen. So behebt man Krankheiten und beseitigt Gefahren, findet Liebe.

Der Mystizismus von Paracelsus, aber auch seine klaren spekulativen Gedanken wurden von den Romantikern noch einmal wiederbelebt. In der Sprache von Novalis: »O Stern und Blume, Geist und Kleid ...«

Zu den uralten Überlieferungen des Volksglaubens und der germanischen Pflanzenkunde, angereichert mit fremdländischem Aberglauben, zuerst durch die Römer, später durch Juden und Zigeuner, von »klugen Frauen«, Scharfrichtern und Badern durch die Zeiten gerettet, gehört die Ordnung von Kräutern in Gruppen mit gemeinsamen Eigenschaften. Diese beziehen sich aber keineswegs auf ihre Beschaffenheit, sondern auf ihre Wirksamkeit. Riten und symbolische Handlungen spielen eine große Rolle bei der Anwendung der Gewächse und oft schon beim Sammeln derselben.

Fangen wir mit der Liebe an.

Die Gliedkräuter.

Daß sie auch Liedkräuter und sogar Liebkräuter heißen, nennt man »verderbt«. Dies ist kein moralisches Ur-
teil, sondern stellt nur fest, daß die Sprache den Namen
verwaschen oder verschlampt hat. Nichtsdestoweniger
handelt es sich bei den Gliedkräutern um etwas, das man
im 19. Jahrhundert als delikat empfand. Die Moderne ist
hingegen ähnlich unbefangen wie die Antike und das robuste Mittelalter. Zwar hießen da Vulva und Penis
»heimliche Glieder«, waren aber immerhin natürlich.
Gliedkräuter, Liebkräuter heilen Leiden an den »heimlichen Orten«. Zu ihnen gehören aus dem ganz äußer-
lichen Grund, wegen ihrer vielen Stengelglieder, die
Nelkengewächse, sowie der Waldmeister und das Lab-
kraut. Die Betonie und andere Ziestarten sind, erfolgs-
erprobt, die berühmtesten Gliedkräuter. Ihre Wirkung
auf Menstruation, Schwangerschaft, Geburt und Totge-
burt wurde seit dem Altertum geschätzt. Unfruchtbare
Weiber und zeugungsunfähige Männer wurden mit Ab-
kochungen, Extrakten, Weindekokten und Dämpfen aus
den Pflanzen behandelt.

Die Schloßkräuter.

Das Schloß der Frau, vom Bauchnabel bis zur Scham,
die Vulva, der Muttermund, das Hymen, das Jungfern-
schloß, sie waren vielen Vergleichen mit eisernen
Schlössern ausgesetzt. Fürs Kinderkriegen, ob man sie
will oder nicht will, gibt es Regeln. Ein mit Mohn gefüll-
tes Vorhängeschloß, verschlossen, im Bett, in der Hand
oder in den Hausbrunnen geworfen, bewahrt vor Empfängnis. Brautleuten wird der Kindersegen geraubt mit
einem Schloß voll Hirse, das man während der Trauung
auf- und zuschließt, der Bräutigam kann in der Nacht die
Braut nicht »aufschließen«. Zur Geburt hilft Perchta, die

Schlüsselgret. Sie öffnet das Mutterschloß, ist Hebamme und Wehmutterdämonin, stapft mit großem Fuß daher, hat blutige Hände und ist in der Bertramwurz vertreten, dem berühmtesten Mutterkraut, Chrysanthemum parthenium, unsere Margerite. Margarete ist die Patronin der Gebärenden.

Frauenmantel, Pfingstrose, Sauerampfer, Beifuß, Wasserdost, Sumpfweidenröschen und Wundklee sind andere Schloßkräuter. Man brauchte sie alle zu Umschlägen, Bädern, Dämpfen, trug sie Johanni, wenn Zauber besonders wirkte, in der Nähe der »heimlichen Örter«, umgebunden oder in der Hose.

Krötenkräuter.

Die Krott, der Krottenalp, setzt sich in den Mutterschoß und bildet Mißgeburten. Das Symbol der kranken Gebärmutter ist die Kröte. Wachskröten oder Krötenbilder muß die Kranke opfern, den Krötensegen anwenden, also Krötenkräuter sammeln. Der Löwenzahn ist der Krötenbusch, die Kamille das Krottenkraut, die Hundskamille heißt Krottendill, Rotnabel und Nabelkraut. Auch der Ziest ist in manchen Gebieten ein Krötenkraut. Sie alle kann man einbacken in Eierkuchen, diese essen und auf Genesung hoffen.

Bärkräuter.

Gebärkräuter, Bärmutterkräuter, Gebärmutterkräuter stillen oder bringen Blutfluß, lindern Menstruationsschmerzen, bringen Wehen in Gang, beschleunigen den Ausstoß der Geburt und der Nachgeburt. Auch Geschwüre und Geschwülste versucht man mit ihnen zu heilen. Die Bärwurz ist berühmt und hat viele Volksnamen. Bärendill, Bärenfenchel, Beerenfenchel, Bärmutterwurz, Berenkrud, Bernkrut, Berwurt, Mutterwurz. Sie wird von Dioskurides gegen hysterische Zustände emp-

fohlen. Sitzbäder im Sud der Wurzel lindern alle weiblichen Beschwerden und fördern das »weibliche Geschehen«, wie unsere Frauenärzte, bis vor nicht zu langer
Zeit, sich diskret und fatal ausdrückten. Ebenfalls zu den
Bärkräutern gehören: der rote Bärenfenchel, nah mit
der Bärwurz verwandt, die Küchenschelle und der Steinklee. Die Tollkirsche, Atropa belladonna, deren Gift
Atropin ein lebensgefährliches Abortivmittel ist, heißt
als dieses Bärmutz.

Jungfernkräuter, Frauenkräuter, Mutterkräuter

Andorn bringt die Regel, treibt auch ab. Bärlapp ist
ein Hexenkraut, Drudenkraut, Jungfernkraut und Abtreibmittel. Mit Fetthenne heilt man Gebrechen der
heimlichen Glieder. Sie heißt auch Fotzwein, Fotz-
zwang, Zumpenkraut nach Zumpt, dem Penis. Maßliebchen ist ebenfalls ein Abortivum. Die Melisse ist ein
vortreffliches Mutterkraut und Frauenkraut für alle Beschwerden. Das Johanniskraut wird unter anderem als
Hexenkraut angesehen. Der Mohn, das klassische Abtreibmittel, ist auch Mittel gegen Frauenleiden. Der
Kümmel ist Mutterkümmel. Männertreu, Salbei, Anemone und Raute werden Mutterkraut genannt, Natter-
zunge, Mutterkrautwurz. Rosmarin, der Mägdebaum,
die Jungfernpalme, der Kindermord, treibt ab.

Aphrodisiaca und Antaphrodisiaca

Viele Pflanzen galten als Fruchtbarkeitsmittel und
wurden auch mit Liebeszauber in Verbindung gebracht.
Atropa Mandragora, die Alraunwurzel, war ein Fetisch.
Geschlechtsteilen ähnliche Früchte, Knollen, Wurzeln,
Pilze, wurden aufbereitet und für hilfreich gehalten. Die
Made in der Nuß: nur wenn man beide zusammen aß,
waren Zeugung und Empfängnis gesichert. Die elbi-
schen Dämonen, die ebenfalls in Früchten, Säften und

Bäumen saßen, mußte man meiden. Die Ginsengwurzel macht heute noch gesund und potent. Nicht nur Blätter, Blüten, Früchte und Wurzeln vieler Pflanzen, auch ihre Düfte haben Einfluß auf die Sinne. Stimulanzien sind die hitzigen Gewürze, und Anregungsmittel kennt man von der Kaffeebohne bis zum Teeblatt. Erkenntnis und Aberglaube mischen sich, Medizin und Erotik wollen sich nicht trennen lassen.

Akelei, Anis, Artischocke, Beifuß, Bohne, Brechnuß, Cardamom, Cocos, Drachenwurz, Dill, Eisenhut, Eisenkraut, Fenchel, Kresse, Minze, Hanf, Calmus, Klette, Kümmel, Lein, Liebstöckel, Maiblume, Majoran, Männertreu, Nessel, Petersilie, Poree, Rauke, Rettich, Safran, Sellerie, Senf, Spargel, Thymian, Zimt und Zwiebel heißen einige dieser erfreulichen Gewächse der Begierde.

Die Antaphrodisiaca mäßigen, dämpfen die Lust und fördern Keuschheit und Enthaltsamkeit. Es sind: Baldrian, Diptam, Fingerhut, Flöhkraut, Gänsefuß, Gartenmelisse, Raute, Keuschlamm, Lattich, Linse, Salat, Sauerampfer, Schierling und Zaunrübe. Dill ist eine seltsame Pflanze, sie wirkt für und gegen Eros.

Berufkräuter, Beschreikräuter

Böser Blick, falsches Lob, scheinheiliger Glückwunsch, Verwünschungen und bösartiges Besprechen, das ist, was man Berufen und Beschreien nennt. Hexenwerk also, gegen Wehrlose, vor allem Kinder, junge Mütter, glückliche Brautleute, gegen Vieh, Felder, Haus und Waffen. Hat man sich selber »herausgestrichen« mit Eigenlob, sagt man lieber sofort: »unberufen«. Geht es aber ums Verhextwerden, wendet man die Kräuter an. Diese Pflanzen gegen bösen Zauber haben eine alte Vergangenheit und keine große Zukunft mehr. Aber es gibt sie noch, sie waren prophylaktisch und therapeutisch zu verwenden.

Zur Vorbeugung brauchte man: Amulette von Wermutwurzeln, Weihrauchsäckchen, Säckchen mit Getreidekörnern, eine Kette aus Wundklee oder Sträuße von Ziest. Blätter und Blüten von der blauen Dürrwurz, dem sogenannten Berufskraut oder Beschreikraut, wehrten den Zauber ab. Als Therapie für verhexte Personen verwendete man Aufgüsse, Dämpfe, Bäder und Tees aus denselben Pflanzen, dazu solche von Christophskraut, Frauenflachs, Kreuzkraut und Sumpfgarbe.

Hexen- und Zauberpflanzen sind bei unseren einzeln beschriebenen Kräutern zu finden.

Die Väter der Botanik

Brunfels, Bock und Fuchs, die seit dem 19. Jahrhundert »Väter der Botanik« genannten Männer, kommen in den folgenden Pflanzenbeschreibungen häufig zu Wort. Sie lebten ungefähr zur gleichen Zeit, in den freundlichen Gegenden, die das Wachstum begünstigen. Der Oberrheingraben, bis hinunter nach Mainz, mit seinen Hängen, mit Bergstraße, Odenwald und Pfälzer Bergen, mit dem Elsaß bis zum Basler Becken, und das bayrische Schwaben waren ihre Heimat, dort waren sie unterwegs, »botanisierend«. Darüber hinaus durchwanderten sie die Ardennen, den Schweizer Jura, die Alpen. In Straßburg und Basel fanden sie die Drucker und Verleger für die Ergebnisse ihrer Naturforschung, die sich an denen ihrer klassischen Vorgänger orientierte, aber auch rieb. Alle drei waren Ärzte, hatten sich mit Philosophie und Theologie beschäftigt, und alle drei kamen zum Protestantismus.

Ihre Kräuterbücher erschienen in der ersten Hälfte des 16. Jahrhunderts, und einer kannte die Werke der anderen. Sie eröffnen darin auch kleine, kritische Ge-

plänkel, Meinungsverschiedenheiten, mit verständnis-
inniger Ironie ausgetragen. Polemik war nicht ihre Sache, weil ihre Sache groß, gemeinsam und neu war. Sie
waren Pioniere, wie andere vor ihnen. Obwohl sie vieles,
vor allem die Rezepte zur Anwendung der Heilkräuter,
von Dioskurides übernahmen und sich immer noch
vergeblich mühten, seine Pflanzen in Deutschland zu
finden, kämpften sie doch gegen den antiken Aberglauben, versuchten, ohne die Sternenmystik des Mittelalters, dem Leben der Gewächse Naturgesetze abzuge-
winnen. Noch gibt es kaum Experimente, aber um so
mehr genaue Beobachtung und Erfahrung und eine
ganze Menge spekulativer Gedanken dazu.

Sie sind im Abstand von ungefähr zehn Jahren geboren, der älteste, Otto Brunfels, um 1490 als Böttchers-
sohn auf Schloß Brunfels bei Mainz. Man fand ihn begabt
und gelehrig, so bekam er gelehrten Unterricht auf dem
Schloß und war am Ende Magister der freien Künste.
Dann, da die Mittel zum Studium fehlten, wurde er
Mönch in der Mainzer Kartause. Er blieb es nicht lange,
ging als protestantischer Prediger nach Straßburg, bis
ihm ein Halsleiden die Stimme nahm. Später erwarb er
in Basel die Doktorwürde in Medizin, ohne vorheriges
Studium an der Universität. Als hochangesehener Arzt
starb er 1434 in Bern. In seinem lateinischen »Herbarum
vivae eicones« (1530) und mehr im »Contrafayt Kreüterbuch« (1532) in deutscher Sprache, stellt er die Pflanzennamen der alten Schriftsteller nebeneinander, um der
herrschenden Verwirrung zu einer Ordnung zu verhel-
fen, mit einem ersten »Synonymschlüssel«. Er erläutert
und beschreibt die Gewächse, aber berühmt machen die
beiden Bücher 176 ganzseitige, ausgezeichnete Holzsti-
che nach Originalfederzeichnungen des Künstlers Hans
Weiditz, die »Konterfeis«.

Den fast zehn Jahre jüngeren Hieronymus Bock (1498

bis 1554) sieht Brunfels als »würdigen Nachfolger«, und er ermuntert diesen, sein Werk »aus der Schublade« zu holen und in Straßburg drucken zu lassen. In Heiderbach bei Heidelberg geboren, war Hieronymus ein Sohn wohlhabender Eltern und, wie Brunfels, fürs Kloster erzogen. Daraus wird nichts, er geht sofort an eine Universität zum Studium der Theologie und Medizin. Der regierende Pfalzgraf beruft ihn nach Zweibrücken als Schullehrer und zur Aufsicht des Herzoglichen Gartens, den Bock um viele Pflanzen bereichert und wo er sich selbst in die Botanik vertieft. Religionswirren und der Tod des Pfalzgrafen beenden die gute Zeit, er findet eine evangelische Predigerstelle in Hornbach, die ihm mit seiner großen Familie das Leben sichert. Als Bauer getarnt, botanisiert er in der katholischen Gegend. Oft verbringt er die Nächte im Freien, um eine Pflanze zu beobachten, von der es hieß, sie komme nur nachts aus dem Boden oder öffne die Blüten, entwickle ihre Samen. Sein »New Kreutterbuch« erschien in acht Ausgaben, in den lateinischen nennt Bock sich gewissenhaft Tragus. Die erste Ausgabe, 1539, ohne Abbildungen, die letzte 1650. Erst in der zweiten Ausgabe von 1546 findet man die etwa 350 Holzschnitte von David Kandel. Der Wert des Werks liegt aber in den Texten. Als erster »Pflanzengeograph« berichtet Bock von Standorten und Verbreitung der Arten. Seine Beschreibungen von Wachstum und Entwicklung lassen erste physiologische Erkenntnisse aufscheinen. Strikt erklärt er sich auch gegen eine alphabetische Anordnung der Gewächse, die ähnliche trennt und ganz fremde zusammenbringt, und hält nahe Verwandte mit gemeinsamen Eigenschaften in Gattungen zusammen. Er kennt jede seiner geschilderten Pflanzen und nimmt keine Art in sein Buch auf, die er nicht selbst gesehen hat. So ist das »New Kreutterbuch« Vorläufer einer »Flora« in unserem Sinn.

Leonhard Fuchs, 1501 in Wembdingen bei Ansbach geboren und schon mit fünf Jahren vaterlos, bekommt eine gute Erziehung auf Schulen in Heilbronn, Erfurt und Ingolstadt. Mit dreizehn Jahren ist er Baccalaureus und sehr junger Schullehrer in seinem Geburtsort, studiert dann und wird Doktor der Medizin. Zweimal wird er Professor in Ingolstadt, praktiziert dazwischen in München und Ansbach. Er wechselt Lehrstuhl und Praxis in einer großen Unruhe, als ob sein Ruf als junger Gelehrter und die Ehrungen ihn verfolgten. Auch die Theologie treibt ihn um, als Protestant und Anhänger Luthers exponiert er sich streitbar. 1535 geht er, von Herzog Albrecht von Württemberg gerufen, an die Universität Tübingen und bleibt da, mit Unterbrechungen, bis zu seinem Tod 1566. Den ersten botanischen Commentar aus der Feder von Fuchs über die falsche Benennung von Heilkräutern nach Dioskurides durch Ärzte hat Brunfels in seinem lateinischen Kräuterbuch 1531 als Anhang drucken lassen. »De historia stirpii ...«, Fuchs' großes botanisches Werk, erschien mit pompösem Titel 1542 in Basel. Im folgenden Jahr kommt es in deutscher Sprache als »New Kreutterbuch« heraus. Es ist der Kaiserin gewidmet. Daran erkannten die Zeitgenossen seine Selbsteinschätzung. Zu den mehr als 500 Holzschnitten hat Fuchs den berühmten Formenschneider Veit Rudolf Specklin und die Zeichner Heinrich Füllmaurer und Albert Meyer selbst angeleitet. Die Abbildungen der Pflanzen sind lebensgroß. Das Kräuterbuch erschien in mehreren lateinischen und deutschen Ausgaben, in einer spanischen Übersetzung sowie französisch in Paris und Lyon. Spätere Ausgaben, handlich in Oktavformat, zum Mitnehmen auf Wanderungen geeignet, enthielten verkleinerte, treue Kopien der Drucke. Für eine erweiterte Fassung mit 1500 Pflanzenbildern, an der Fuchs jahrelang arbeitete, konnte er keinen

Drucker mehr finden, sie blieb unveröffentlicht. Von den fünfhundert Pflanzen, die er uns vorstellt, sind in Deutschland vierhundert wild wachsend, dazu Gartenpflanzen und Exoten.

Fuchs, der jüngste, mußte wetteifern. Seine Abbildungen sollten die schönsten sein und die von Brunfels übertreffen, seine Texte sollten die besten sein und die Bocks ausstechen. Tatsächlich haben seine Beschreibungen mehr Methode als die seines Vorbilds, dafür fehlt ihnen die naive Lebendigkeit derselben. Er saß wohl mehr in der Studierstube, war kritischer, gelehrter.

Fuchs, der »Schwierige«, war dem modernen Geist des 16. Jahrhunderts am nächsten. Alle drei Väter der Botanik aber haben die Natur von ganz nah gesehen und zugleich einen Schritt zur neuen Sicht auf die Natur getan. Ihre Genauigkeit markiert den Aufbruch in das Zeitalter der methodischen Fragensteller.

Kleiner Kräutergarten
Farbtafeln

Jakob Sturm (1771-1848), Kupferstecher in Nürnberg, schuf das Abbildungswerk »Deutschlands Flora nach der Natur«, mit nahezu 2500 Stichen in 163 Heften. Die rare Ausgabe wurde 1900-1906 in 15 Bändchen vom »Deutschen Lehrerverein für Naturkunde« neu herausgegeben als »Sturms Flora«. Dieser Flora sind die folgenden Abbildungen annähernd in Originalgröße entnommen. Sturms Nomenklatur wurde nach Zanders Handwörterbuch aktualisiert, abweichende Namen sind in den Beschreibungen der Pflanzen erwähnt.

Blutwurz, Potentilla tormentilla
Familie: Rosaceae

a) Pflanze in nat. Gr.; b) Blüte in nat. Gr.; c) Kronblatt in nat. Gr. und vergr.; d) Blütenachse mit Kelch, Staubgefäßen und Fruchtknötchen, vergr.; e) Fruchtknötchen, vergr.; f) Frucht in nat. Gr.; g) Früchtchen, vergr.; Beschreibung siehe Seite 98 ff.

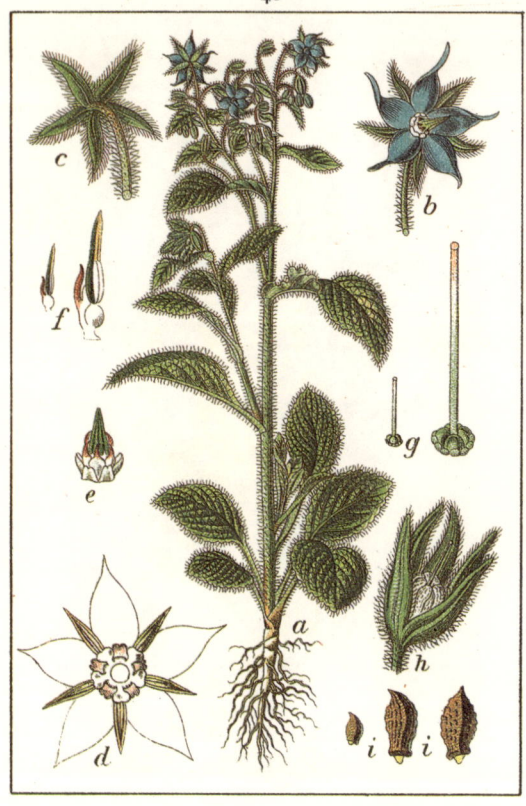

Boretsch, Borago officinalis
Familie: Boraginaceae

*a) Pflanze, verkl.; b) Blüte in nat. Gr.; c) Kelch in nat. Gr.;
d) Krone mit ausgebreiteten Staubgefäßen; e) Schlund-
schuppen und Staubgefäße in nat. Gr.; f) Staubgefäß in
nat. Gr. und vergr.; g) Fruchtknoten in nat. Gr. und vergr.;
h) Frucht in nat. Gr.; i) Fruchtteile in nat. Gr. und vergr.;
Beschreibung siehe Seite 100 ff.*

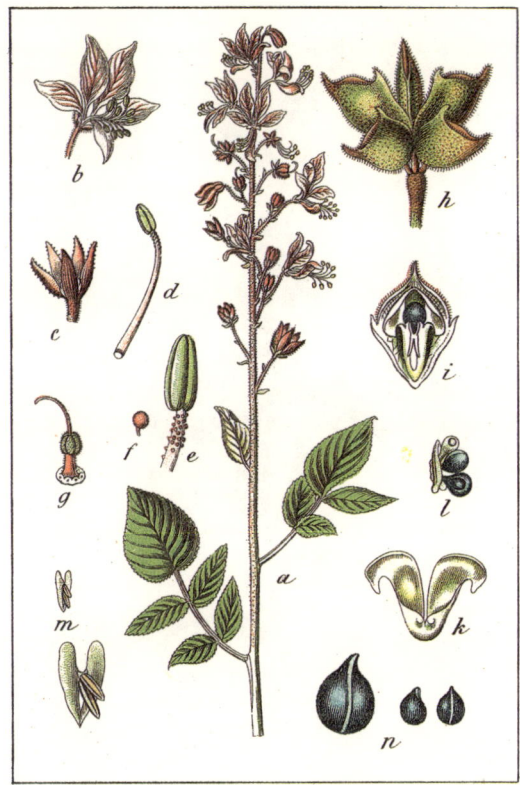

Diptam, Dictamnus albus
Familie: Rutaceae

a) Blütenstand, verkl.; b) Blüte, verkl.; c) Kelch; d) Staub-
gefäß; e) Staubbeutel, vergr.; f) Drüse, vergr.; g) Frucht-
knoten; h) Frucht in nat. Gr.; i) offenes Fruchtfach; k) ab-
gelöste innere Fruchtschicht; l) Samen an der Frucht-
wand; m) Fruchtwandstück nach Abfall der Samen in nat.
Gr. und vergr.; n) Samen in nat. Gr. und vergr.;
Beschreibung siehe Seite 103 ff.

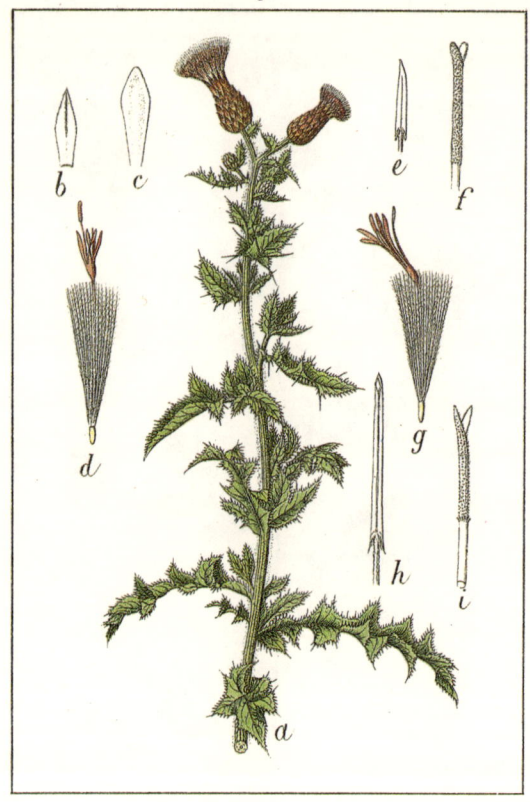

Distel, cirsium arvense
Familie: Compositae (Asteraceae)

a) Zweig, verkl.; b und c) Hüllblätter in nat. Gr.; d) weibli-
che Blüte, vergr.; e) taubes Staubgefäß, vergr.; f) Narben,
vergr.; g) männliche Blüte, vergr.; h) Staubgefäß, vergr.;
i) tauber Griffel, vergr.; Beschreibung siehe Seite 105 ff.

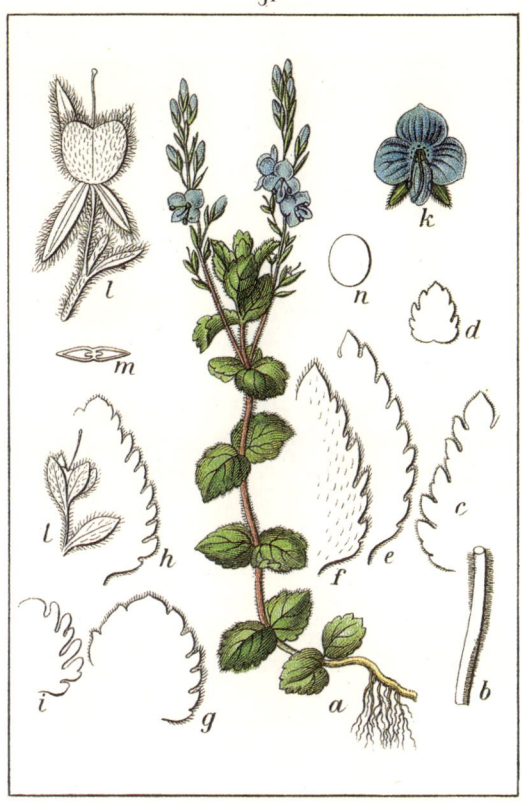

Ehrenpreis, Veronica chamaedrys
Familie: Scrophulariaceae

a) Trieb, verkl.; b) Stengelstück in nat. Gr.; c bis i) Blatt-
ränder in nat. Gr.; k) Blüte in nat. Gr.; l) Frucht nebst
Deckblatt in nat. Gr. und vergr.; m) Durchschnitt der
Frucht; n) Same, vergr.; Beschreibung siehe Seite 108 ff.

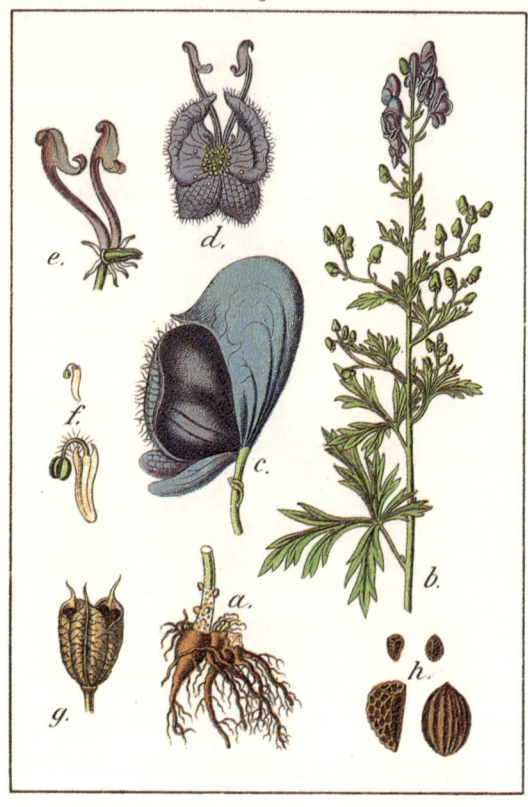

Eisenhut, Aconitum napellus
Familie: Ranunculaceae

*a) Wurzelstock, verkl.; b) Triebspitze, verkl.; c) Blüte in
nat. Gr.; d) Blüte ohne das große Kelchblatt, verkl.; e)
Kronblätter und Fruchtknoten, verkl.; f) Staubgefäß in
nat. Gr. und vergr.; g) aufgesprungene Frucht in nat. Gr.;
h) Samen in nat. Gr. und vergr.; Beschreibung
siehe Seite 111 ff.*

Eisenkraut, Verbena officinalis
Familie: Verbenaceae

a) Pflanze, verkl.; b) Blütenzweig in nat. Gr.; c) Blüte in
nat. Gr.; d) Krone in nat. Gr.; e) geöffnete Krone, vergr.; f)
Kelch in nat. Gr. und vergr.; g) Fruchtknoten in nat. Gr.
und vergr.; i) Frucht in nat. Gr. und Fruchtteil vergr.;
Beschreibung siehe Seite 114ff.

Erdbeere, Fragaria vesca
Familie: Rosaceae

*a) Pflanze, verkl.; b und c) Blüten in nat. Gr.; d) Blüte ohne
die Kronblätter, vergr.; e) Staubgefäß in nat. Gr. und
vergr.; f) Frucht in nat. Gr.; g) Früchtchen in nat. Gr. und
vergr.; Beschreibung siehe Seite 120 ff.*

Frauenmantel, Alchemilla vulgaris
Familie: Rosaceae

*a) Pflanze, verkl.; b) Blüte in nat. Gr. und vergr.; c) Frucht
in nat. Gr. und vergr.; d) Fruchtkelch und Achse geöffnet;
e) isolierte Frucht in nat. Gr. und vergr.; Beschreibung
siehe Seite 124ff.*

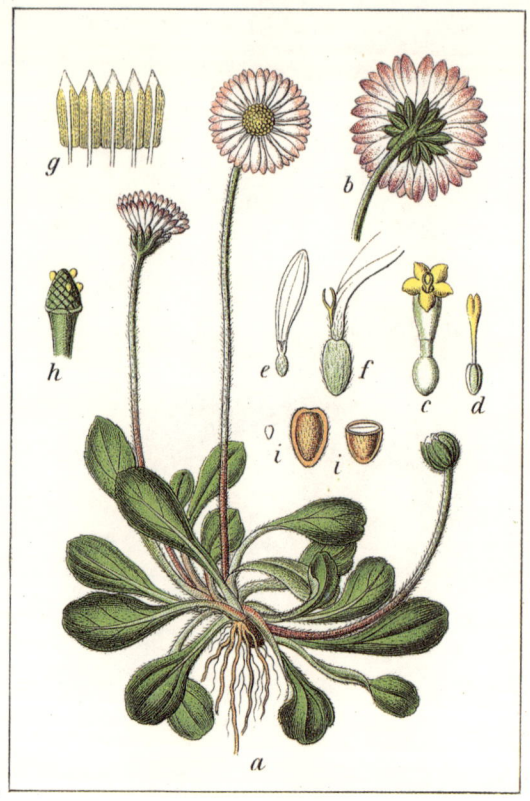

Gänseblümchen, Bellis perennis
Familie: Compositae

*a) Pflanze, verkl.; b) Blume in nat. Gr.; c) Mittelblüte,
vergr.; d) Fruchtknoten und Griffel, vergr.; e) Randblüte in
nat. Gr.; f) desgl., vergr.; g) Staubbeutelröhre, geöffnet; h)
Blumenachse in nat. Gr.; i) Frucht in nat. Gr. und nebst
Durchschnitt vergr.; Beschreibung siehe Seite 126 ff.*

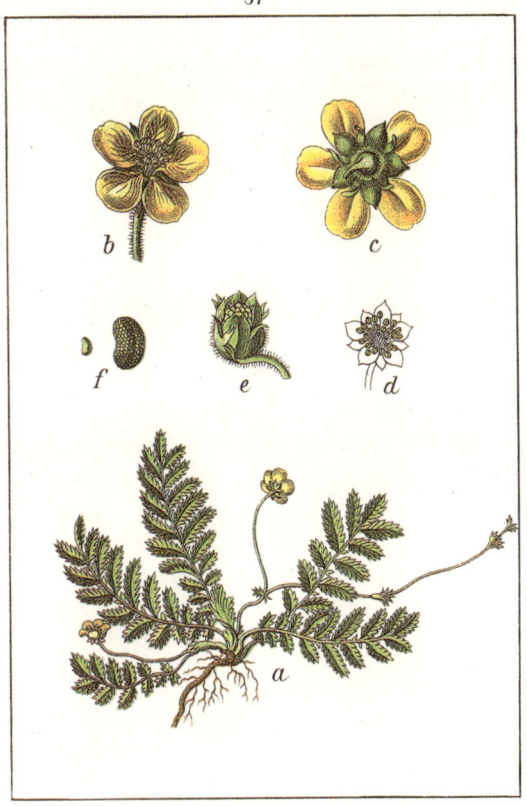

Gänsefingerkraut, Potentilla anserina
Familie: Rosaceae

*a) Pflanze, verkl.; b und c) Blüten in nat. Gr.; d) Blüte ohne
die Kronblätter in nat. Gr.; e) Frucht in nat. Gr.; f) Früchtchen in nat. Gr. und vergr.; Beschreibung siehe Seite 129 ff.*

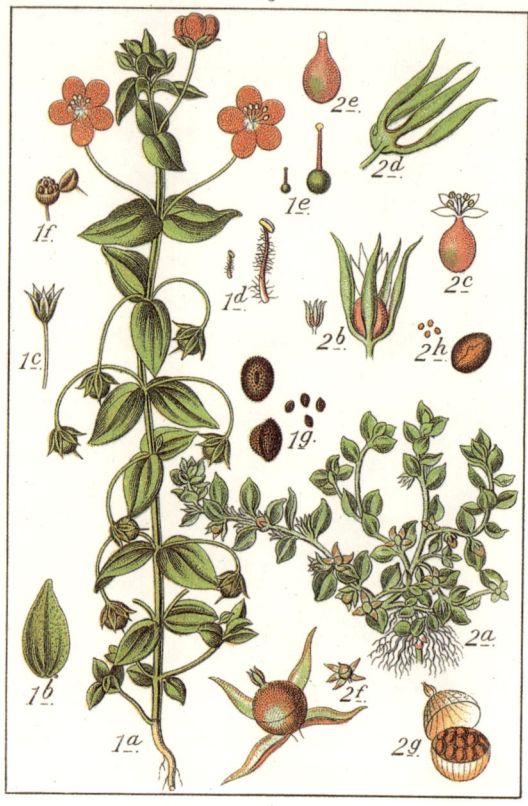

Gauchheil, Anagallis arvensis
Familie: Primulaceae

Fig. 1: a) Pflanze in nat. Gr.; b) Blatt, vergr.; c) Kelch, we-
nig vergr.; d) Staubgefäß in nat. Gr. und vergr.; e) Frucht-
knoten in nat. Gr. und vergr.; f) aufgesprungene Frucht in
nat. Gr.; g) Samen, schwach und stark vergr. Fig. 2: Ana-
gallis minima. Beschreibung siehe Seite 131 ff.

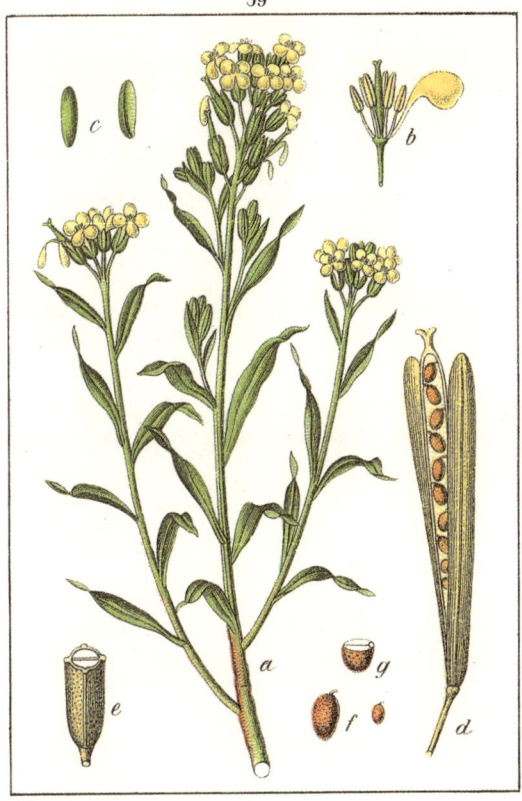

Goldlack, Cheiranthus cheiri
Familie: Cruciferae (Brassicaceae)

*a) Zweig, verkl.; b) geöffnete Blüte in nat. Gr.; c) Kelchblät-
ter in nat. Gr.; d) Frucht in nat. Gr.; e) durchschnittene
Frucht in nat. Gr.; f) Same in nat. Gr. und vergr.; g) derselbe durchschnitten. Beschreibung siehe Seite 134ff.*

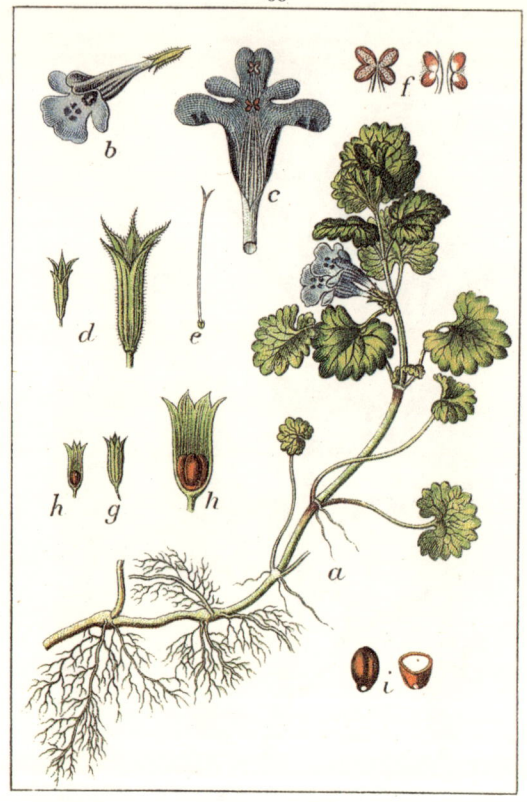

Gundermann, Glechoma hederacea
Familie: Labiatae (Lamiaceae)

a) Pflanze, verkl.; b) Blüte in nat. Gr.; c) geöffnete Krone, vergr.; d) Kelch in nat. Gr. und vergr.; e) Fruchtknoten in nat. Gr.; f) Staubbeutel vergr.; g) Fruchtkelch in nat. Gr.; h) derselbe in nat. Gr. und vergr.; i) Fruchtteil nebst Durchschnitt, vergr.; Beschreibung siehe Seite 139 ff.

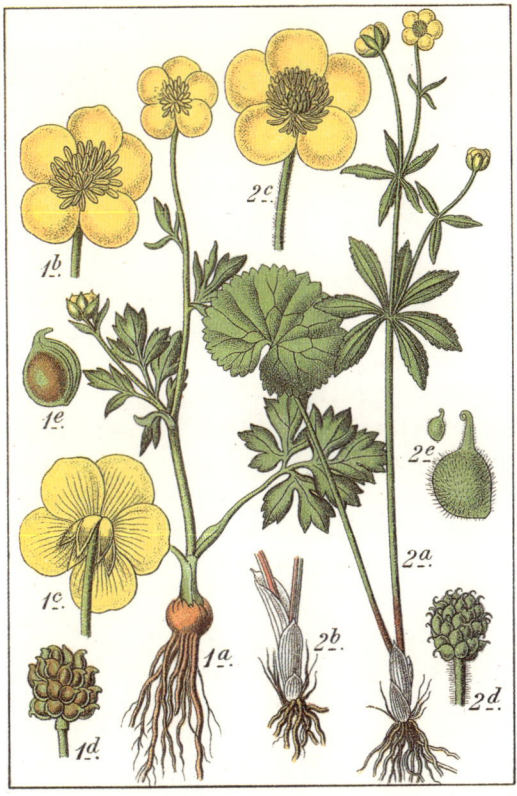

Hahnenfuß, Ranunculus bulbosus
Familie: Ranunculaceae

*Fig. 1: a) Pflanze verkl.; b und c) Blüten in nat. Gr.; d)
Frucht in nat. Gr.; e) Früchtchen, vergr. Fig. 2: Kaschuben-
Hahnenfuß, Ranunculus cassubicus. Beschreibung siehe
Seite 141 ff.*

Klee, Trifolium pratense
Familie: Papilionaceae

a) Pflanze, verkl.; b) Blatt in nat. Gr.; c) Blüte in nat. Gr.; d)
Kelch in nat. Gr. und vergr.; e) Blumenkrone und Staubfa-
denröhre unten aufgeschnitten, vergr.; f) Fruchtknoten
mit Griffel in nat. Gr. und vergr.; g) Fruchtkelch in nat. Gr.
und vergr.; h) derselbe geöffnet; i) Samen in nat. Gr. und
vergr.; k) derselbe durchschnitten. Beschreibung
siehe Seite 146ff.

Knöterich, Polygonum bistorta
Familie: Polygonaceae

a) Pflanze, verkl.; b) Blüte, vergr.; c) Fruchtknoten, vergr.;
d) junge Frucht in der Hülle, vergr.; e) Frucht in nat. Gr.
und vergr.; Beschreibung siehe Seite 151 ff.

Königskerze, Verbascum thapsiforme
Familie: Scrophulariaceae

a) Einjährige Pflanze und Blütenstand, verkl.; b) durch-
schnittene Blüte in nat. Gr.; c) oberes Staubgefäß, vergr.;
d) unteres Staubgefäß, vergr.; e) Fruchtknoten, vergr.; f)
derselbe durchschnitten; g) aufgesprungene Frucht in nat.
Gr.; h) Samen, vergr.; Beschreibung siehe Seite 155.ff.

Kornblume, Centaurea cyanus
Familie: Compositae (Asteraceae)

*a) Pflanze, verkl.; b) Blumenhülle in nat. Gr.; c) Hüllblatt
in nat. Gr.; d) Randblüte in nat. Gr.; e) Mittelblüte in nat.
Gr.; f) geöffnete Blüte, vergr.; g) Griffel, vergr.; h) Frucht-
kopf ohne die Hülle in nat. Gr.; i) Frucht in nat. Gr. und
vergr.; k) Fruchtborste, vergr.; Beschreibung siehe
Seite 157.ff.*

Löwenzahn, Taraxacum officinalis
Familie: Compositae (Asteraceae)

*a) Pflanze, verkl.; b) durchschnittene Blume, verkl.; c)
Blüte, vergr.; d) Staubgefäß, vergr.; e) Narben, vergr.; f)
junge Frucht, vergr.; g) Frucht in nat. Gr.; h) unterer Teil
der Frucht, vergr.; i) Fruchtquerschnitt. Beschreibung
siehe Seite 163 ff.*

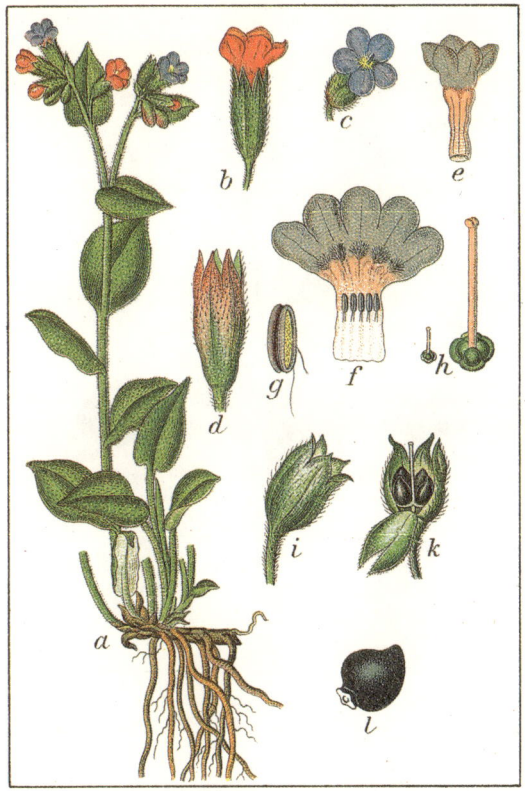

Lungenkraut, Pulmonaria officinalis
Familie: Boraginaceae

a) Pflanze, verkl.; b und c) Blüten in nat. Gr.; d) Kelch in nat. Gr.; e) Krone in nat. Gr.; f) dieselbe geöffnet; g) Staubgefäß, vergr.; h) Fruchtknoten in nat. Gr. und vergr.; i) Fruchtkelch in nat. Gr.; k) derselbe geöffnet; l) Fruchtteil, vergr.; Beschreibung siehe Seite 166 ff.

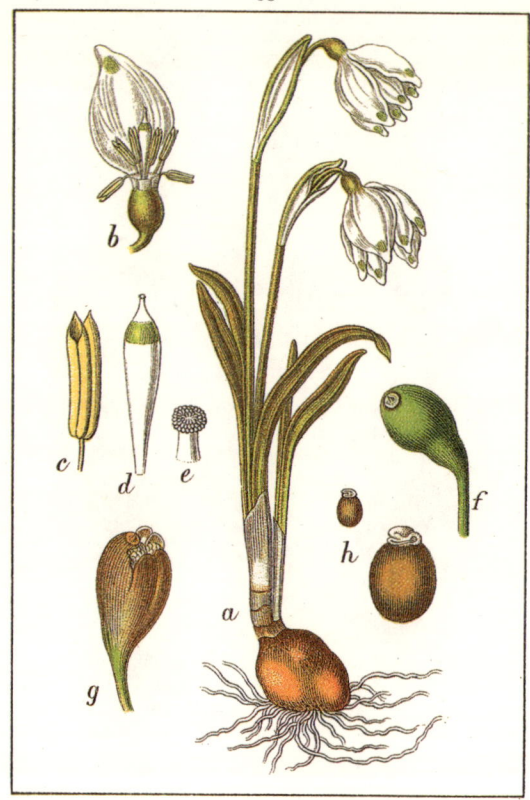

Märzbecher, Leucojum vernum
Familie: Amaryllidaceae

*a) Pflanze, verkl.; b) Blüte ohne fünf Blumenblätter in nat.
Gr.; c) Staubgefäß, vergr.; d) Griffel, vergr.; e) Narbe,
vergr.; f) Frucht in nat. Gr.; g) dieselbe aufspringend; h)
Same in nat. Gr. und vergr.; Beschreibung
siehe Seite 169 ff.*

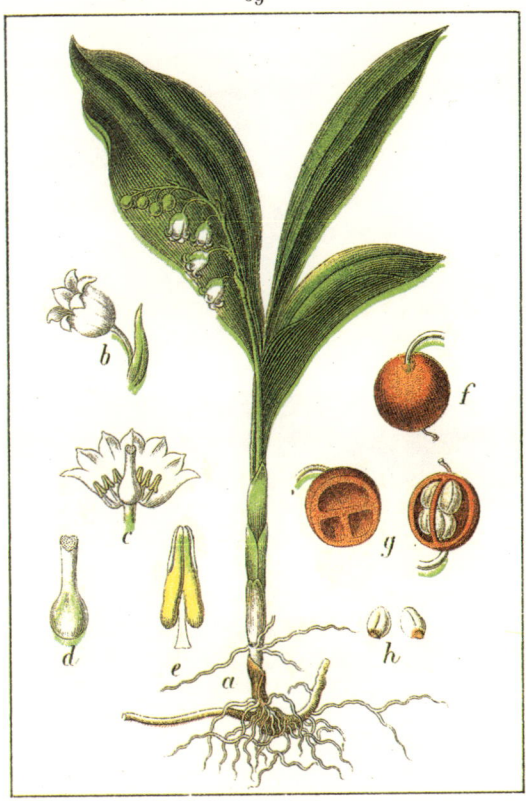

Maiglöckchen, Convallaria majalis
Familie: Liliaceae

*a) Pflanze, verkl.; b) Blüte in nat. Gr.; c) dieselbe, ausge-
breitet; d) Fruchtknoten, vergr.; e) Staubgefäß, vergr.; f)
Frucht in nat. Gr.; g) Durchschnitte derselben; h) Samen in
nat. Gr.; Beschreibung siehe Seite 171 ff.*

Malve, Malva neglecta
Familie: Malvaceae

a) Zweig, verkl.; b) durchschnittene Blüte, vergr.; c) Staub-
beutel, vergr.; Beschreibung siehe Seite 174ff.

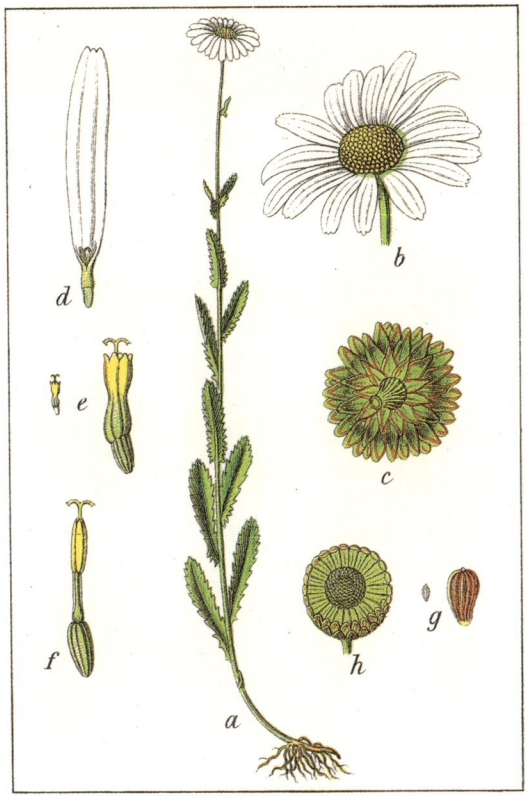

Margerite, Chrysanthemum leucanthemum
Familie: Compositae

a) Pflanze, verkl.; b) Blume in nat. Gr.; c) Hülle in nat. Gr.;
d) Randblüte, vergr.; e) Mittelblüte in nat. Gr. und vergr.;
f) Fruchtknoten und Staubgefäße, vergr.; g) Frucht in nat.
Gr. und vergr.; h) Fruchthülle und Achse in nat. Gr.;
Beschreibung siehe Seite 177.ff.

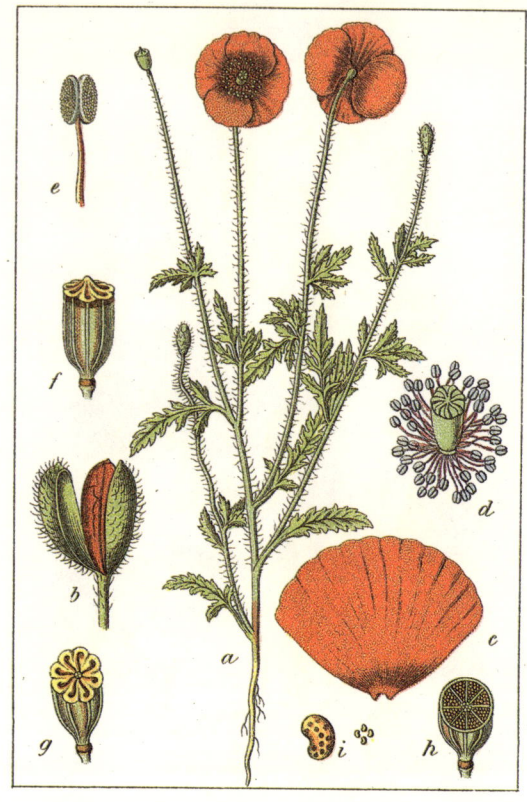

Mohn, Papaver rhoeas
Familie: Papaveraceae

*a) Pflanze, verkl.; b) Knospe, verkl.; c) Kronblatt, verkl.; d)
Staubgefäße und Fruchtknoten, verkl.; e) Staubgefäß,
vergr.; f und g) Früchte, verkl.; h) durchschnittene Frucht,
verkl.; i) Samen in nat. Gr. und vergr.; Beschreibung
siehe Seite 179 ff.*

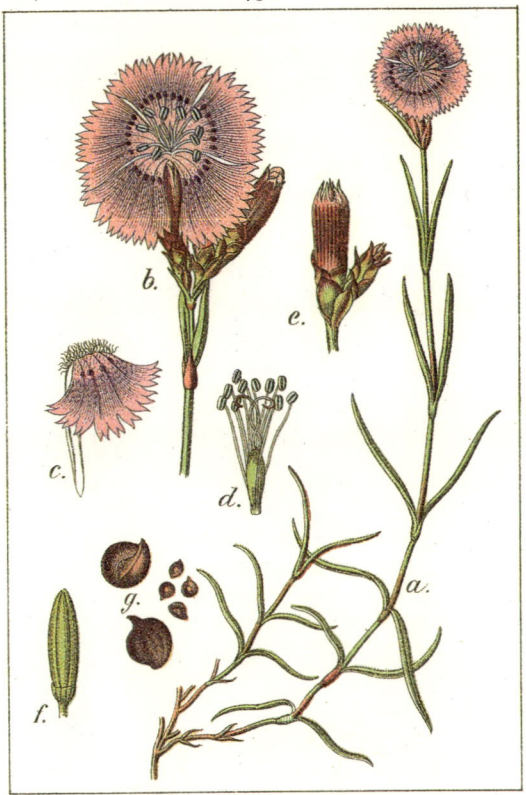

Nelke, Dianthus Silvestris
Familie: Caryophyllaceae (Silenoideae)

*a) Pflanze, verkl.; b) Blütenstand in nat. Gr.; c) Kronblatt
in nat. Gr.; d) Staubgefäße und Fruchtknoten in nat. Gr.;
e) Kelche und Hochblätter in nat. Gr.; f) Frucht in nat. Gr.;
g) Samen in nat. Gr. und vergr.; Beschreibung siehe
Seite 183.ff.*

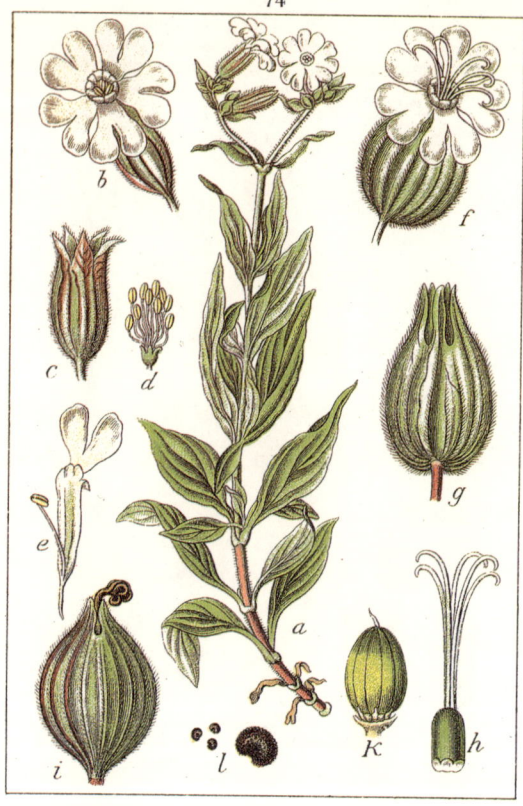

Nelkengewächse, Weiße Tagnelke, Silene alba
Familie: Caryophyllaceae (Silenoideae)

*a) Zweig der ♂ Pflanze, verkl.; b) ♂ Blüte in nat. Gr.; c) ♂
Kelch in nat. Gr.; d) Staubgefäße in nat. Gr.; e) Kronblatt
und Staubgefäß in nat. Gr.; f) ♀ Blüte in nat. Gr.; g) ♀
Kelch in nat. Gr.; h) Fruchtknoten in nat. Gr.; i) Fruchtkelch in nat. Gr.; k) Frucht in nat. Gr.; l) Samen in nat. Gr.
und vergr.; Beschreibung siehe Seite 186 ff.*

Nelkenwurz, Geum urbanum
Familie: Rosaceae

*a) Pflanze, verkl.; b) Blüte in nat. Gr.; c) Blüte ohne die
Kronblätter in nat. Gr.; d) Staubgefäß, vergr.; e) Frucht in
nat. Gr.; f) Früchtchen, vergr.; g) Same in nat. Gr. und
vergr.; h) Fruchtachse in nat. Gr.; Beschreibung siehe
Seite 192 ff.*

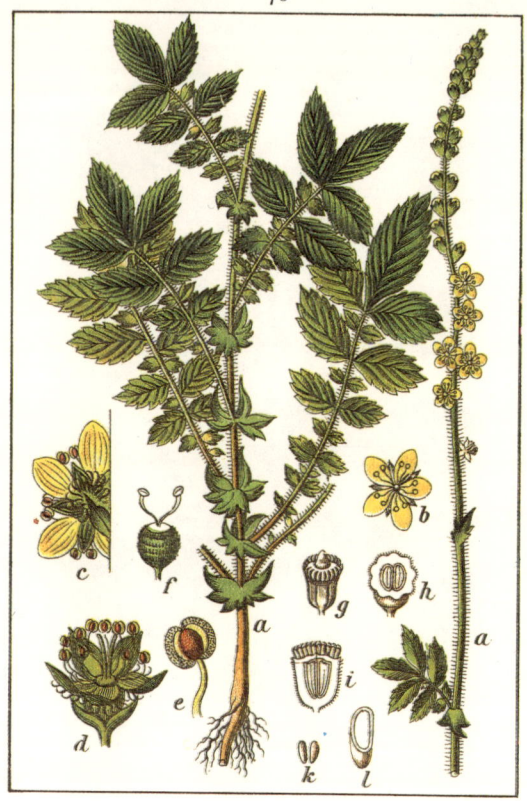

Odermenning, Agrimonia Eupatoria
Familie: Rosaceae

*a) Pflanze, verkl.; b) Blüte in nat. Gr.; c) Blüte, vergr.; d)
Blüte ohne die Kronblätter, vergr.; e) Staubgefäß, vergr.; f)
Blütenachse mit den Griffeln, vergr.; g bis i) Frucht nebst
Durchschnitten in nat. Gr.; k) Früchtchen in nat. Gr.; l)
durchschnittenes Früchtchen, vergr.; Beschreibung
siehe Seite 194 ff.*

Ringelblume, Calendula officinalis
Familie: Compositae

a) Pflanze, verkl.; b) Blume in nat. Gr.; c) Hülle in nat. Gr.;
d) Randblüte in nat. Gr.; e) Mittelblüte in nat. Gr. und
vergr.; f bis i) Früchte in nat. Gr.; Beschreibung siehe
Seite 199ff.

Rose, Rosa canina (Hundsrose)
Familie: Rosaceae

a) Blütenzweig, verkl.; b) Stacheln in nat. Gr.; c) Blüte
ohne die Kronblätter in nat. Gr.; d) Staubgefäß, vergr.; e)
Fruchtknoten, vergr.; f) Fruchtknötchen, vergr.; g) Frucht
in nat. Gr.; h) desgl. im Durchschnitt, i) Früchtchen
in nat. Gr.; Beschreibung siehe Seite 201 ff.

Sauerampfer, Rumex acetosa
Familie: Polygonaceae

a) ♀ Pflanze, verkl.; b) Blüten und Frucht in nat. Gr.; c)
Blüte, vergr.; d) Frucht, vergr.; Beschreibung siehe
Seite 210 ff.

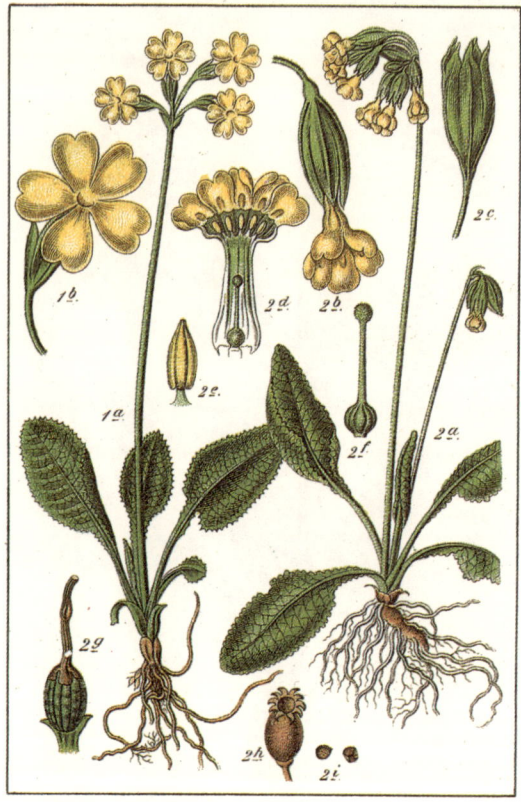

Schlüsselblume, Primula veris (officinalis)
Familie: Primulaceae

Fig. 1: Große Schlüsselblume, Primula elatior: a) Pflanze, verkl.; b) Blüte in nat. Gr. Fig. 2: Echte Schlüsselblume, Primula veris: a) Pflanze, verkl.; b) Blüte in nat. Gr.; c) Kelch in nat. Gr.; d) Kurzgriffelige Blüte durchschnitten in nat. Gr.; e) Staubbeutel, vergr.; f) Fruchtknoten, vergr.; g) junge Frucht in nat. Gr.; h) aufgesprungene Frucht in nat. Gr.; i) Samen, vergr.; Beschreibung siehe Seite 213 ff.

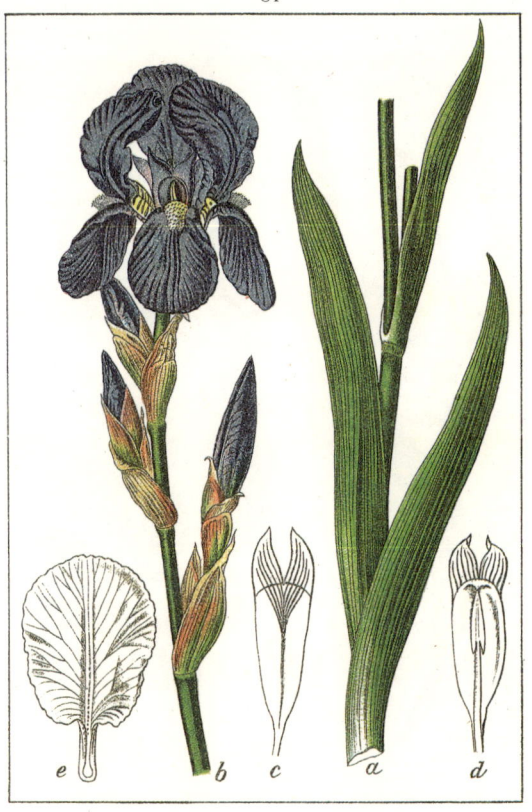

Schwertlilie, Iris germanica
Familie: Iridaceae

*a, b) Trieb, verkl.; c-d) Narbe, verkl.; e) inneres Blumen-
blatt, verkl.; Beschreibung siehe Seite 216ff.*

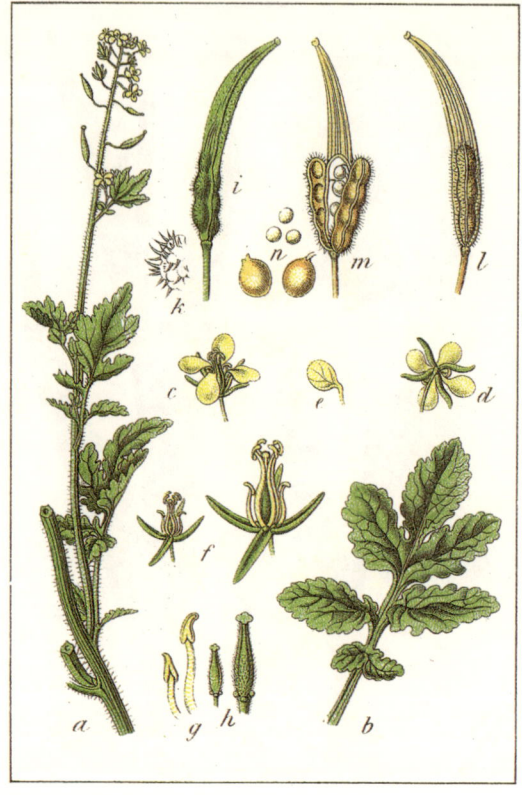

Senf, Sinapis alba
Familie: Cruciferae (Brassicaceae)

a) Zweig, verkl.; b) Blatt, verkl.; c und d) Blüten in nat. Gr.;
e) Kronblatt in nat. Gr.; f) Blüte ohne die Kronblätter in
nat. Gr. und vergr.; g) Staubgefäße in nat. Gr. und vergr.;
h) Fruchtknoten und Honigdrüsen in nat. Gr. und vergr.;
i) Frucht in nat. Gr.; k) Haare, vergr.; l) reife Frucht in nat.
Gr.; m) dieselbe aufgesprungen; n) Samen in nat. Gr. und
vergr.; Beschreibung siehe Seite 219 ff.

Stiefmütterchen, Viola tricolor
Familie: Violaceae

a) Pflanze, verkl.; b) Blüte in nat. Gr.; c) Kelch nebst dem
Sporn der Krone in nat. Gr.; d) unreife Frucht in nat. Gr.;
e) Samen in nat. Gr. und vergr.; Beschreibung siehe
Seite 221 ff.

Storchschnabel, Geranium Robertianum
Familie: Geraniaceae

a) Blühender Zweig in nat. Gr.; b) Kelchblatt, vergr.; c)
Kronblatt, vergr.; d) Fruchtzweig in nat. Gr.; e u. f) Frucht-
teile, vergr.; g) Same, vergr.; Beschreibung siehe
Seite 224 ff.

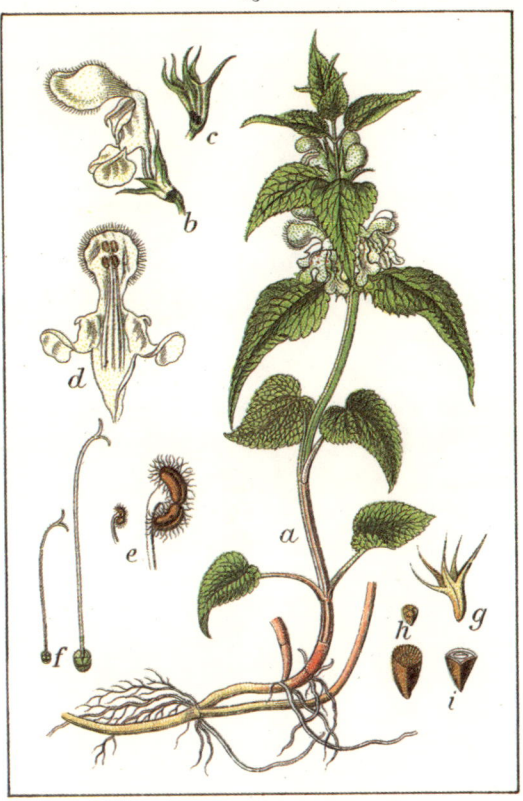

Taubnessel, Lamium album
Familie: Labiatae (Lamiaceae)

a) Pflanze, verkl.; b) Blüte in nat. Gr.; c) Kelch in nat. Gr.;
d) geöffnete Krone in nat. Gr.; e) Staubgefäß in nat. Gr.
und vergr.; f) Fruchtknoten in nat. Gr. und vergr.; g)
Fruchtkelch in nat. Gr.; h) Frucht in nat. Gr.; i) Fruchtteil
nebst Durchschnitt, vergr.; Beschreibung
siehe Seite 226 ff.

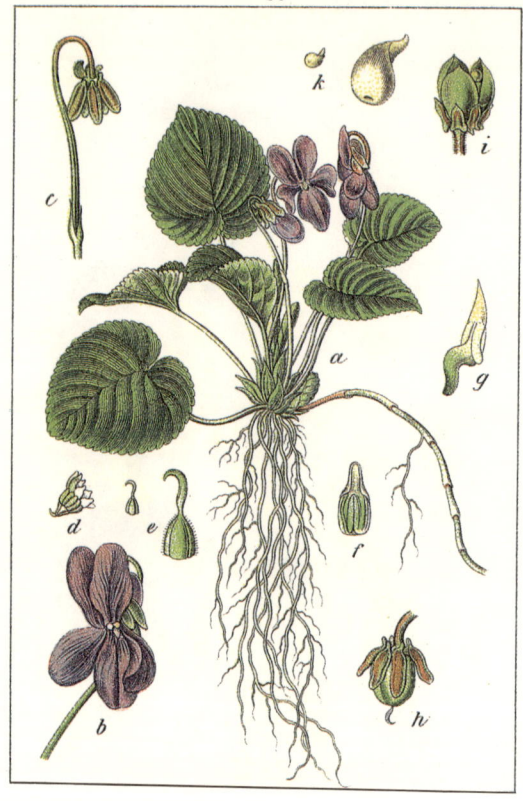

Veilchen, Viola odorata
Familie: Violaceae

a) Pflanze, verkl.; b) Blüte in nat. Gr.; c) Blüte ohne die Krone in nat. Gr.; d) die Staubgefäße, vergr.; e) Fruchtknoten in nat. Größe und vergr.; f und g) Staubgefäß, vergr.; h) Frucht in nat. Gr.; i) dieselbe, aufgesprungen; k) Same in nat. Gr. und vergr.; Beschreibung siehe Seite 228 ff.

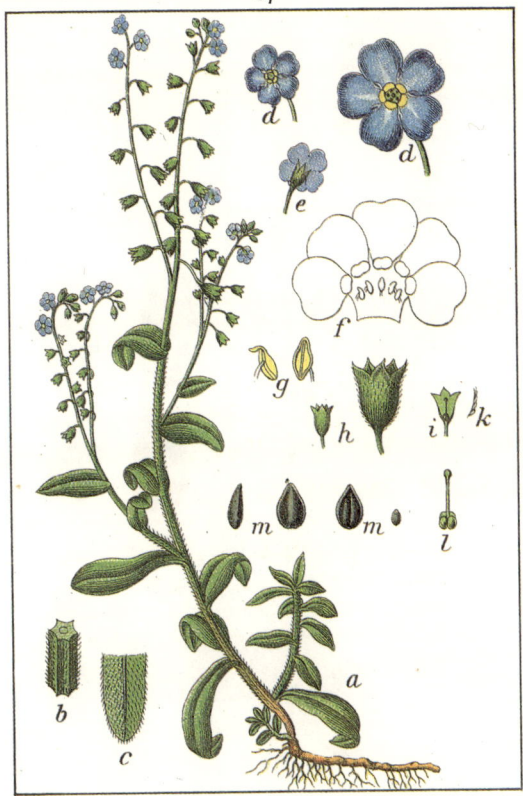

Vergißmeinnicht, Myosotis palustris
Familie: Boraginaceae

a) Pflanze, verkl.; b) Stengelstück in nat. Gr.; c) Blattspitze in nat. Gr.; d u. e) Blüten in nat. Gr. u. vergr.; f) geöffnete Krone, vergr.; g) Staubgefäße, vergr.; h) Kelch in nat. Gr. u. vergr.; i) durchschnittener Kelch mit Fruchtknoten in nat. Gr.; k) Kelchhaare, vergr.; l) Fruchtknoten, vergr.; m) Fruchtteile in nat. Gr. und vergr.; Beschreibung siehe Seite 231 ff.

Wegerich, Plantago major
Familie: Plantaginaceae

*a) Pflanze, verkl.; b) Blüte in nat. Gr. und vergr., c) Staub-
gefäß, vergr.; d) Kelch, vergr.; e) Frucht in nat. Gr. und
vergr.; f) dieselbe ohne Kelch und Krone; g) aufgesprungene Frucht; h) Fruchtscheidewand, vergr.; i und k) Samen in nat. Gr. und vergr.; Beschreibung
siehe Seite 234 ff.*

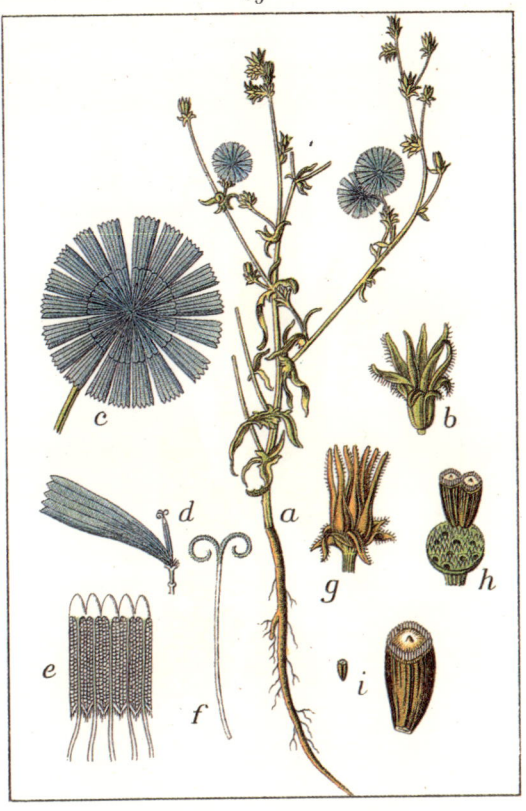

Wegwarte, Cichorium intybus
Familie: Compositae

a) Pflanze, verkl.; b) Blumenhülle in nat. Gr.; c) Blume in nat. Gr.; d) Blüte in nat. Gr.; e) Staubgefäße, vergr.; f) Griffel, vergr.; g) Fruchthülle in nat. Gr.; h) Früchte auf ihrer Achse, vergr.; i) Frucht in nat. Gr. u. vergr.; Beschreibung siehe Seite 238 ff.

Von Akelei bis Ziest
Beschreibungen

In »Sturms Flora« sind Akelei, Erbse, Günsel, Kuckucksnelke, Salbei, Schneckenklee und Ziest nur schwarzweiß abgebildet und hier den Texten zugeordnet. Von Immergrün, Lilie und Pfingstrose gibt es keine Abbildungen.

Nicht alle auf den Bildern gemalten Pflanzen sind botanisch sicher bestimmbar. Die Gründe können in der malerischen Darstellung liegen, oder darin, daß der Maler Blätter und Blüten verschiedener Gewächse zu sogenannten Chimären vereinigte. Es wurde auf ihre Beschreibung weitgehend verzichtet.

Akelei
Aquilegia vulgaris

Aglaia, griechisch, Glanz, Pracht, prunkende Schönheit und festliche Freude. Aglaia, eine der drei Chari-
ten, ursprünglich Wachstumsgöttinnen und später die
Grazien, wird trotz des gleichlautenden Namens nicht
die Patin der Akelei sein, denn die Pflanze ist im Altertum
nirgends beschrieben. Sie taucht erstmalig bei Hildegard von Bingen auf und heißt bei ihr aglaia oder agleya.
Aus diesem althochdeutschen Wort soll sich das lateinische aquilegia ableiten. Albertus Magnus deutet aquilegia mit der Verwandtschaft zu aquila, Adler, weil ihn die
vier Blütensporne an Adlerklauen erinnern. Das ist deshalb merkwürdig, weil die Vierzahl der Blütenblätter äu-
ßerst selten ist. Der Vergleich mit Vögeln, meist Tauben,
ist dagegen möglich: die fünf Blütenblätter mit dem auffallenden Hohlsporn, dem Honigblatt, kann man tatsächlich als fünf im Kreis beisammensitzende Vögel
sehen. »Tauberln« und »Fünf Vögerl zusamm« sind
Volksnamen, und der englische Name der Akelei ist
Columbine flower. Die Taube, als Zeichen der Unschuld
übertragen auf die Blume, macht die Akelei zum Symbol
für Marias Unschuld. Dagegen sagt Panofsky, sie stehe
für den Kummer Marias, denn der französische Name
der Pflanze, ancolie, sei eine Verkürzung von melanco-
lie, zu deren Sinnbild sie daher geworden sei. Ihre Verwendung als Begräbnispflanze in der Renaissance wird
damit erklärt.

Als Ornament, besonders in der Buchmalerei, wo sie
seit dem 14. Jahrhundert vorkommt, ist die Akelei äu-
ßerst ergiebig. Sie ist die »gotische« Pflanze. Sowohl ihre
Symbolik wie Zahlenmystik und Geometrie fordern zu
abstrahierenden Darstellungen heraus. Da ist zuerst das

zweimal dreigeteilte Blatt an den Blütentrieben, dann aber das grundständige Blatt, das dreimal dreigeteilt ist, und also aus siebenundzwanzig kleinen rundlichen Blättern ein gleichseitiges Dreieck in einem Kreis ergibt. Diese Dreierteilung verbindet sich zum Symbol der göttlichen Dreifaltigkeit. Die Blüte ist ebenfalls mathematisch zu beschreiben und geometrisch als regelmäßiges Fünfeck darstellbar. Ihr Diagramm folgt dem goldenen Schnitt, der »Göttlichen Proportion«. Das Pentagramm, der »Drudenfuß« entstehen so (vgl. Boretsch). In manchen Fällen gibt es siebenteilige Blüten, auch hier werden symbolische Zusammenhänge vermutet. Die »Tauben« als Sinnbild könnten hier die sieben Gaben des Heiligen Geistes darstellen, mit einer innigen Beziehung zur Pfingstgeschichte. Auch an die sieben Lobpreisungen aus der Offenbarung kann gedacht werden, sowie an Jesaja: »Der Geist des Herren, der Weisheit und des Verstandes, der Geist des Rats und der Stärke, der Geist der Erkenntnis und der Furcht des Herrn«.

Das Kabbala-Wort AGLA, dessen vier Buchstaben die Anfangsbuchstaben vom hebräischen Atha Gibbor Leolam Adonai bedeuten, dem Psalmwort »Benedictus dominus in aeternum, fiat, fiat« entsprechend, findet man auf dem Genter Altar von van Ejck. Es ist auf den Fliesen des Fußbodens, gemalt, im Wechsel mit stilisierten Akeleiblüten, anderen Kacheln mit dem Zeichen »ihs« und solchen mit Lamm und Fahne. Diese Fliesen, zusammen mit dem Vorhandensein der Blume in der Krone Marias, sowie als schöne Pflanze am Waldrand im selben Altarbild, führen zu dem Schluß, daß die Akelei die eigentliche Blume Christi ist. Sie sei aber auch das Symbol der Fruchtbarkeit, und so komme in den Darstellungen der Verkündigung das Symbol für Christus und das Symbol der foecundidas zusammen.

Eine botanische Ableitung des Namens, die eben-

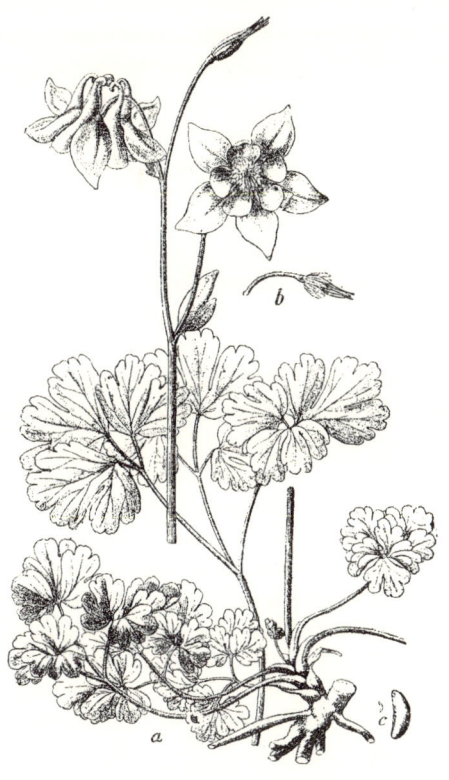

Akelei, Aquilegia vulgaris
Familie: Ranunculaceae

a) Pflanze, verkl.; b) Fruchtknoten, verkl.;
c) Same, verkl. und vergr.

falls von den Hohlspornen der Honigblätter ausgeht und diese als »Füllhörner« für Wasser mit dem lateinischen aqua legere, Wasser sammeln, verbindet, wird fallengelassen, da Akelei keine besonders feuchten Standorte bevorzugt.

Als Heilpflanze stellt Hildegard von Bingen die aglaia vor und führt sie gegen das schreckliche Fraisen (siehe Stiefmütterchen) an, sowie gegen Skrofeln, Drüsen, gegen schleimigen Auswurf und Fieber. Der »Gart der Gesundheit« beschreibt die Pflanze als erster und bildet sie ab. Ihm folgen die Kräuterbücher mit ihren Holzschnitten. Sie nennen die Pflanze schön, ja »über die maß schön«. Glückliche Gesamtschau verflossener Jahrhunderte! Später war es die Sache der Botanik nicht mehr, sich in die Ästhetik zu mischen.

Inzwischen sind 67 Arten beschrieben, davon sechs einheimische, wild wachsend. Man weiß: Fett, Nitringlykosid und Lipase sind Inhaltsstoffe der Akelei, dazu nicht näher untersuchte Cyanogene, sowie die giftverdächtigen Alkaloide Magnaflorin und Berberidin. Heute wird Akelei in der Homöopathie verwendet. In der Volksmedizin dient sie immer noch als Krebsheilmittel, wird nach alten Bräuchen in Stillschweigen gesammelt und pulverisiert. Große Wirkung wurde der Akelei in Liebesangelegenheiten und auf die Fruchtbarkeit nachgesagt. So erscheint sie, nicht nur im christlichen, sondern auch im weltlichen Sinn, spätestens seit der italienischen Renaissance als Fruchtbarkeitssymbol.

Matthioli empfiehlt den Samen als Mittel »dem Bräutigam, der durch Zauberei zu den ehelichen Werken ungeschickt geworden ist«. Seit dem späten Mittelalter war Akelei als Aphrodisiakum verwendet worden.

Alte Namen klingen poetisch: Agleia, aquileya, ancusa, egilos, calatrippa, palmirus, trinitas una. Deutsche Volksnamen klingen lustig: Ackelchen, Aggerli, Hagleie, Hackelehnen, Gackeli, Glocken, Zuckerglocken, Teufelsglocken, Kaiserglocken, Frauenschühli, Kapuzinerhütli, Pfaffenkäpple, Plumphose, Schlotterhose, Tintenglocke, Herrablume, Zaniggele, Täuberl und viele andere.

Im »Paradiesgärtlein« ist in der rechten Ecke unten bei dem kleinen toten »Drachentier« eine blau blühende Akelei. Das Bild »Ruhe auf dem Kreuz, Kreuzannagelung und Kreuzaufrichtung« eines süddeutschen Meisters zeigt die Pflanze ebenfalls unten rechts, darüber befindet sich das »Volk«. In der »Heiligen Nacht« des Bartholomäus Bruyn d. Ä. ist die Akelei vor dem Betpult der Stifterin neben dem Hündchen zu finden. Auf dem Altar des Meisters von Frankfurt mit der »Kreuzigung Christi« gibt es, im rechten Flügel, die Akelei rechts außen. Im linken Flügel, links unten, sieht man schwer zu bestimmende Blätter, die vielleicht als Akeleiblätter gedacht sind. Der Meister der Heiligblut-Kapelle hat in seiner »Heiligen Sippe« eine Akelei zu Füßen der Heiligen Elisabeth wachsen lassen. Das »Weibliche Brustbild« des Bartolomeo da Venezia zeigt eine Dame mit Sträußchen. Huysmans, der über das Bild schreibt, sieht in der blauen Blüte eine Akelei. Es ist nicht ganz einfach, dem zuzustimmen. Beispiel einer frühen Darstellung der Pflanze als Ornament in Gewändern ist die »Krönung Marias« eines mitteldeutschen Meisters um 1350. Der Mantel Christi hat große Blüten der Pflanze, in Seitenansicht, eingewebt; Marias Gewand besteht aus einem Gewebe mit streng stilisierten, von oben gesehenen Blüten.

Blutwurz, Tormentill, Waldfingerkraut
Potentilla erecta oder tormentilla
Abbildung siehe Seite 47

Potentilla, der im Mittelalter gebräuchliche Name für das Fingerkraut, wird als Verkleinerungsform des lateinischen potentia, Macht, aufgefaßt oder von potens, mächtig, abgeleitet. Die Heilkraft, die im »Kleinen mächtig« ist. Bei Dioskurides und Plinius, und weiter bis ins 17. Jahrhundert, hießen verschiedene Arten der Fingerkräuter griechisch pentaphyllon, und lateinisch quinquefolium, Fünfblatt. Die Gattung soll heute 300 Arten umfassen, deren Abgrenzung umstritten ist, weil Bastarde häufig und die Gruppen überaus polymorph sind.

Tormentilla officinalis, der seit dem Mittelalter in alle Sprachen übergegangene Apothekername der Blutwurz, war in Glossaren des 9. Jahrhunderts erstmalig genannt. Auch er ist eine Verkleinerung, nämlich von tormentum, die Qual. Das Bauchgrimmen, die Kolik, die eigentlich tormina heißt, ist gemeint. Gegen diese wurde der Wurzelstock in verschiedener Aufbereitung als Arzenei verordnet. Der gebräuchliche Name des Krauts wurde Tormentill, wurde verballhornt zu Volksnamen wie: Armentill, Darmadill, Törmlatille, Ermentill, Dermentill, Dilledapp, Dilledorum, Turbätill, Tarbentill, Terpentinkräutel.

Die Heilige Hildegard kennt die bluothwurtz, die sie auch manchmal birckwurtz nennt, weil sie unter Birken wächst. Fuchs sagt von dem hochgeschätzten Gewächs, es habe nach der roten Wurzel seinen Namen Blutwurz. Bock, der so weit geht, den umgekehrten Schluß auszusprechen, meint: »Etliche nennen sie Blut- und Rotwurtzel, darumb das dise Wurtzel das rot Rur stillt.« Und weiter: »Tormentilla hat ihren Namen ab effectu. Denn wenn man gepulverte Wurtzel mit ein wenig Alaun und Bertram in die hohle Zahn legt, so stillet sie tormentum, das ist den Schmerzen desselben«.

»Merk, lieber Leser, wie man sich umb das Fünffinger-kraut zancket«, schreibt Brunfels als Randbemerkung zu seinem Text: »Hie erhebet sich aber ein Hader von der Tormentill. Denn die neuen Ärtzet vermeynent, Tormentill sey eigentlich das recht Pentaphyllon, das ist Fünffingerkraut. Und wiewohl es sieben Blättlein hat und nit fünff, so wachst es doch in etlichen Landen, als namentlich in Hungaria mit fünff Blättlein. Sein gemeiner Name ist Tormentilla und Bistorta in Apotheken genannt«. Da haben wir sie, die Natterwurz, bistorta, doppelt gedreht, zusammen mit der »Qualspirale« tormentum, aber nur in Apotheken, nicht in Wiesen. »Aus welcher Tormentillenwurtzel die Apotheker Küchlein machen, zu den Theriakis, ja freilich Theriacks, und nennen solche Küchlein das Fleisch der Natteren, aus keiner andern Ursach, denn dass die Wurtzel sich ein wenig krümmet, wie ein Schlang«. Der Theriak ähnlich dem Mithridat (s. Odermennig), im späten Mittelalter zum Allheilmittel avanciert, ist ein Compositum aus Baldrian, Tormentilla, Pimpernell und Engelwurz, zusammen mit anderen Bestandteilen, darunter Opium.

Das Volk gibt dem Tormentill solche Namen: Ruhrwurz, Bauchwehwurz, Scheißwurz, Nabelwurzel, Feigenwarzenwurz und Zahngras. Dem Namen Teufelsabbiß liegt der Aberglaube zugrunde, der Teufel beiße alle sieben Jahre die Wurzel ab. Tatsächlich sieht der Wurzelstock abgebissen aus.

Die Blutwurz stillt die Monatsblutungen der Frauen, bringt sie aber, nach Volkes Meinung, auch herbei. Vom Kropf bis zur Pest wird vieles geheilt, und vielerlei Zauberei und Aberglaube werden mit der Pflanze verbunden. Im 14. Jahrhundert soll in einer schweren Pestzeit ein Vögelchen vom Himmel gekommen sein und gepfiffen haben: »Äßt Durmedill und Bibernell, sterbt nüt so schnell.« Ein anderes Sprüchlein heißt: »Ermentill, Bebernell, Timian, das heilt Lunge und Leber an.«

Die Pflanze gehört zu den alten Donnerstagskräutern, war also schon Thor zugesellt. Im Christentum wurde sie dann am Himmelfahrtstag, einem Donnerstag, am frühen Morgen gesammelt und, zusammen mit dem zum Verwechseln ähnlichen Benediktenkraut, dem Vieh in den Stall gebracht. Ihre Volksnamen, die im höheren Sinn auf Heilkraft deuten, sind: Heil aus dem Grunde, Herztrösterli, dazu Kreuzblume.

Rogier van der Weyden hat in seinem Bild der »Medici-Madonna« den Tormentill gemalt, über den Füßen von Damian, einem Heiligen der Ärzte.

Boretsch
Borago officinalis
Abbildung siehe Seite 48

Aus cor – ago sei Borago geworden, frei, falsch und sinnig übersetzt: »ich erfreue das Herz«.
Hieronymus Bock nennt Quelle und Gegenstand dieser Ableitung: »Dies Simplex hat viele Namen. Dann es wird genannt Borrago, quasi Corago, weil es ein recht Herzkraut ist, und weil, wie Dioscorides meldt, es Freud und guten Mut macht und die Traurigkeit vertreibt, wenn man es in Wein legt und trinkt. Dannhero das Sprichwörtlein entstanden: ›Dicit Borago, gaudia semper ago‹.«

Die Pflanze, wahrscheinlich erst von den Arabern in Spanien eingeführt, war im griechischen und römischen Altertum unbekannt. Das »Buglossum«, die Ochsenzunge des Plinius wurde irrtümlich auf sie bezogen. Ihr

Name ist wohl aus dem spanischen und spätlateinischen »borra« oder »burra« entstanden, das struppiges Barthaar oder Scherwolle bedeutet.

Bereits im Mainzer »Gart der Gesundheit« ist der Boretsch als Mittel gegen Schwindel und Herzzittern angegeben. Ein Sirup aus dem gesottenen Saft, der morgens und abends getrunken die »Vernunft mehret«, und roh gegessene Blätter für ein gutes Gemüt werden empfohlen.

Und so beschreibt Schroeder die Pflanze: »Die Boretschblumen gehören auch unter die vier Hertzblumen und mäßigen die irdische verbrannte Feuchtigkeiten des Geblüts sehr wohl. Wurzeln, Blätter und Blumen in Apotheken. Wurzel stärkt das Herz, verbessert schwarze Gallen. Taugt zur Verstopfung des Mutterflusses. Blumen in Wein geworfen erfreuen das Gemüt. Das destillierte Wasser daraus tauget dem Hertzen, Conserv und Syrup daraus für Herzaffekte, Hertzklopfen und Melancholie. Es wird gesammelt wann die Sonn in Zwilling und Löwen gehet.«

Der Boretsch, also aus dem Orient, in Mitteleuropa verschleppt und verwildert, gibt der großen Familie der Boraginaceen, den Rauhblattgewächsen, den Namen. Zu ihnen gehören Lungenkraut, Ochsenzunge, Natterkopf, Wallwurz oder Beinwell, Kräuter, die Knochen im Kochtopf zusammenwachsen ließen. Boretsch tut das nicht, wird als Würzpflanze angebaut und fehlt in keinem Bauerngarten. Beliebt als Beigabe in Salaten, auch ein Gewürz zu Spinat und Kohl. In armen Zeiten wurde er ohne weiteres als grünes Gemüse bereitet.

Die Blätter schmecken nach Gurken, so heißt er auch Gurkenkraut. Seine Synonyme sind Anchusa borago, borase, boratsche, porraye, wurmkrautt, scharlachpluem, scharley, Borrich und andere.

Herba et Flores Boraginis seit dem Mittelalter Tee, Sirup, Essenz, Destillat, kühlend, fieberstillend, erfrischend, harntreibend. Namentlich auch gegen Melancholie und Hypochondrie. Später gegen Schleimhautentzündungen, Seitenstechen, Gelenkrheuma, sowie als schweißtreibendes Mittel.

An dieser Pflanze hat Albertus Magnus festgestellt, daß auf saurem Boden die Blüten rötlich sind, auf »trockenem«, also alkalischem Boden blau. Die später nach dem Farbstoff Anthozyan genannte Anthozyanreaktion ist auch an anderen Gattungen und Arten, zum Beispiel dem Lungenkraut und dem Vergißmeinnicht, schon früh beobachtet worden. Über die Blüte sagt Albertus, Aufbau und Zusammenhalt der fünf Kelch- und Blütenblätter beobachtend: Dies macht die Natur zu dem Zwecke, daß keine Feuchtigkeit oder etwas anderes Schädliches von außen leicht ins Innere des Sprosses eindringen kann. Falls es nämlich die eine Ordnung durchdrungen hat, findet es an der nächsten Widerstand.«

Der Blütenbau stellt sich im Diagramm als Pentagramm dar, dem Zeichen der Gesundheit bei den Pythagoreern. Das Pentagramma, in Goethes Faust machte es dem Teufel »Pein«, er konnte nicht aus dem Pudel. Gnostische Sekten brauchten es als ein Zeichen von großer Bedeutung. Der Drudenfuß, im Mittelalter half er, die Hexen, die Druden abzuhalten von Türschwellen, von Viehställen, von Wiegen und Betten, war Abzeichen von Geheimbünden und eine Zauberformel.

Auf der Tafel mit der »Heiligen Veronica« des Meisters von Flemalle steht eine große Boretschpflanze, rechts vor dem roten Mantel der Heiligen. In Holbeins d. Ä. Altar von der »Passion Christi« findet man Boretsch auf der Tafel mit der »Auferstehung«, rechts unten, neben der Margerite.

Diptam
Dictamnus albus
Abbildung siehe Seite 49

War der Diptam der »Brennende Busch« Mosis, wie manche Botaniker meinen? Er sei eine stark duftende, kalkholde Staude. Ätherische Öle entströmen seinen Sekretzellen, die sich bei ruhiger Luft entzünden lassen. Die sich selbst entzünden?

Dictamos heißt er bei Virgil und Plinius. Nach Aristoteles stammt er vom Berg Dikte auf Kreta. Thamnos ist griechisch der Strauch: Dikthamnos. Theophrast und Dioskurides kannten unter dem Namen Dictamnus den später so genannten kretischen Diptam, den Diptamdosten, Origanum diptamnus. Unser einheimischer Diptam, aus dem mittelalterlichen Latein diptamnus »verderbt«, wie die Botaniker sagen, ist nicht verwandt mit dem Diptamdosten der Mittelmeerländer. Aber es werden in ihm dieselben Eigenschaften gesucht und zum Teil gefunden.

Hieronymus Bock stellt das Dilemma vor: »Etliche aber – spricht Dioscorides – nennen Dictam Belonacon, etliche Artemedeion, etliche Herbam creticam, etliche Ephemeron, etliche Eldiam, etliche Belotoce, etliche Dorcidion, etliche Helbumion, etliche Ustilagineum rusticam, etliche Embactron, etliche Betion. Apuleius nennet ihn auch Artemedion Cretica, Epimeron, Labium veneris, Emenypsen, Dipsacos. Wofür aber ich den schönen weißen Dictam halt ..., würd hernach gemelt werden.«

Hildegard von Bingen spricht von der Pflanze dictampus und hat wahrscheinlich den Diptam, der in den Rheinprovinzen häufig ist, gemeint. Der weiße Diptam ist die einzige Art der Gattung und gehört zu den Rutaceen, den

Rautengewächsen. Er hat durchaus rote, purpurfarbene, rötliche oder lila Blüten. Weiß ist die Wurzel. Albertus Magnus und Megenberg haben die Eigenschaften des Diptamdostens auf die Pflanze übertragen, es ist aber unsicher, ob sie nicht nur zitieren und die Pflanze gar nicht gesehen haben. Megenberg nennt den Diptam Pfefferkraut, das gut »für der slangen piz und für aller vergiftigen tier piz und für die vergift, die ain mensch getrunken hat«, sei, »es zeucht auch die toten purt aus der muoter leib«.

Bei Schroeder stärkt Diptam das Herz, wirkt als Gegengift. »Dient dem Haupt, trocknet, eröffnet, tötet Würmer. Hilft zu bösen Krankheiten und Hauptbeschwerden. Nützt in Verstopfung der Mutter, treibt aus die Nachgeburt. Ziehet alles Spitzige aus dem Leib. Bei Geburten gibt man das Pulver mit Mehl und Muskat.« Weiter wird er empfohlen als magenstärkendes Mittel, gegen Magenkrämpfe, Würmer, Wechselfieber und Unterleibsleiden. Mit der Paeonienwurzel zusammen galt die Wurzel als Geheimmittel gegen Epilepsie. Ein Aufguß aus Samen und Blüten war Schönheitsmittel.

Bock meldet: »Es ist des Krauts Vermögen so mechtig, daß die gifftige Thier vom geruch müssen weichen und raumen. Dictam ist in Summa ein echter Tiriak«. Nicht nur aus dem Körper sprengt Diptam Gift und Eisen heraus, er ist überhaupt eine Spring- oder Sprengwurzel. Im Volksglauben läßt diese »Johanniswurzel« Türen und Schlösser aufspringen und zeigt versteckte Schätze an. Ein Specht oder ein Wiedehopf bringen die Wurzel, wenn man ihr Nest versperrt. Der Vogel holt sie herbei, um es zu öffnen. Daher heißt der Diptam Spechtwurzel. Andere Volksnamen sind: Dippdapp, Dickdarm, Dickendam. In alten Glossaren und Kräuterbüchern findet man Synonyme wie »Condrisa, condisia, romischkol, weiswurz, romes kerse, sychwurz, dipton ustilago rustica«.

Zu Füßen der »Maria lactans« des Meisters von Flemalle wächst, rotblühend, der Diptam mit fremdartigen
Blättern, neben der Ringelblume, deren Blüte deutlich
vor Marias Mantel zu sehen ist.

Distel, Ackerdistel
Cirsium arvense
Abbildung siehe Seite 50

Genesis 3, Vers 17, 18: »Verflucht sei der Acker um
deinetwillen, mit Kummer sollst du dich darauf nähren dein Leben lang. Dornen und Disteln soll er dir tragen, und sollst das Kraut auf dem Felde essen.«

Das Orakel von Locri sagt, Apollo solle eine Stadt finden, in der ein hölzerner Hund ihn beiße. Eine Distel
stach ihn, er glaubte dem Orakel und fand die Stadt.

Zwei uralte Quellen, in denen unsere Pflanze unter-
schiedliche Rollen spielt. Die Dornen, die Borsten, die
klettenartigen Haken, das Kratzen und Stechen machten
sie zum Symbol für irdische Schmerzen und sogar für
Sünde.

Der Pfad der »Distelkunde« ist auch für Botaniker dor-
nig. Die Familie der Dipsacaceen befindet sich in einer
Art Sippenstreit, dazu bringt sie unzählige Bastarde hervor. Mißliebige Gewächse, die zu unterscheiden man ab-
geneigt war.

Hegis Flora zählt drei Gattungen: Cirsium, Carduus
und Dipsacus. Cirsium, die Kratzdistel, vom griechischen kirsion abgeleitet, die Dioskurides so genannt hat,
weil er ein Mittel gegen Krampfadern (kirsos) daraus
herstellte. Zu der Gattung zählen wir unsere Ackerdistel.
Sturm allerdings nannte sie Carduus arvensis, bei ihm
ist sie eine Angehörige der zweiten Gattung.

Carduus, der lateinische Name, meint die Köpfe einer

der Arten, der sogenannten Kardendistel oder Weberkarde. Mit diesen Köpfen wurde Wolle gerauht und Tuch gekämmt. Das sogenannte Kardätschen wurde bei uns seit Karl dem Großen angewandt. Im Donaugebiet hat man um die Jahrhundertwende vierzig Millionen Karden im Jahr geerntet. Nach dem Ersten Weltkrieg waren sie noch immer allen Metallerfindungen überlegen.

Die dritte Gattung ist Dipsacus, vom griechischen dipsakos, durstig, weil sich in den Blattbasen an den Stengeln Regenwasser sammelt. Bei Plinius und Vergil ist Dipsacus *die* Distel. Sie gibt den Dipsacaceen den Familiennamen.

Brunfels schreibt: »Dioscorides spricht, dies Kraut im Griechischen wird genannt Dipsacos, das ist so viel gesagt als durstig, aus der Ursach, daß seine Blätter zu Ring um den Stengel gefaßt und gehäb alle Zeit von dem Regen und dem Himmeltau Wasser haben. Daher haben es auch die Lateinischen Labrum Veneris genannt, das ist Frau Venus Bad. Von den andern Lateinischen Virga Pastoris und Cardo follunum, darum daß die Weber solich brauchen, ihre Dücher und Wollen damit zu karden.«

Griechen und Römer haben vor allem schon eine andere Art von Distelgewächsen kultiviert und gegessen, nämlich Cynara scolymus, die Artischocke. Ihr Name kommt von dem französischen artichaut, Blütenkopf. Man ißt den Blütenhüllboden und die weichen Teile der Blattschuppen.

Disteln gelten als Sinnbild für reizbares Ehrgefühl. Als Wappenblume des Heiligen Andreas ist die Pflanze im schottischen Wappen: »nemo me impune laeserit« (niemand beleidigt mich ungestraft). 1370 stiftete Louis von Bourbon einen militärischen Orden »Notre Dame du Chardon«. Im vierzehnten Jahrhundert war die Distel aber auch Symbol der Fäulnis und des Zerfalls und ebenso Symbol der Korruption.

Disteln sind dämonisch, sind Seelenpflanzen. Wenn sie auf Gräbern wild wachsen, ist der Verstorbene verdammt. Auch tauchen sie an Mordtatorten auf. Sie zeigen vergrabene Schätze an. Weil sie stechen, sind sie hilfreich gegen Dämonen; man läßt sie stehen als Schutz gegen Hexen. Am Stall aufgehängt, bewahren sie das Vieh vor Zauber. Zu viele von ihnen sind zum Schaden: »Wer den unnersten End von de Distel packt, de find nen goldenen Knopf«, empfiehlt ein Sprüchlein das Ausrotten.

Zum Heil gegen den »Schreck« der Kinder kocht man Disteln ab und gibt den Sud zu trinken. Ein Brei mit Hefe aus demselben ist gut gegen Mitesser. Würmer bei Kühen wird man los, wenn man einen Distelkopf auf den Boden drückt und sagt: »Distelchen, Distelchen, ich lasse nicht eher dein Köpfchen los, solang du nicht frei läßt die Würmer der Kuh«. Ein mit Wein gemischter Dekokt »zerstört Melancholie und macht fröhlich wie ein Hühnchen«, sagt ein alter Spruch. Und die Signatura rerum lehrt, daß stachlige Disteln inneres Stechen beseitigen. Radix dipsaci war lange Zeit bekannt als urintreibend, und Flores dipsaci heilten die Bisse toller Hunde. Das in den Blattüten angesammelte Wasser bewährte sich als »Augenwasser«.

Im Paradies gab es vor Adams und Evas Fall keine Distel. Danach aber kennt man sie, sie kommt mit dem Teufel in die Welt und heißt Carduus spinosus dyabolus. Sie wird zum Attribut Christi und verweist auf die Dornenkrone. Die Mariendistel, Carduus albus, Carduus marianus, oder Silybum marianum aus Südeuropa, ist Marias Symbol. Ein Milchtropfen fiel auf die Pflanze, als Maria auf der Flucht nach Ägypten den Jesusknaben säugte. Disteln wurden als Zeichen für Errettung angesehen, zusammen mit einem Goldfink, der ihren Samen frißt. Der Goldfink stellt die Seele dar, die sich durch Christi Passion ernährt.

Eine Distel finden wir auf dem »Johannesaltar«, nach Rogier van der Weyden. Sie steht in der unteren Ecke des linken Flügels, neben einigen Blättern des Frauenmantels links außen. Die Pflanze scheint schon das Schicksal Johannis und selbst Christi Passion anzudeuten.

Ehrenpreis, Gamanderehrenpreis
Veronica officinalis, Veronica chamaedrys
Abbildung siehe Seite 51

Veronica« ist wahrscheinlich durch Abschreibfehler aus dem von Plinius genannten Namen Vettonica entstanden, der sich auf das Land der Vettonen in Spanien bezieht, von wo die Pflanze stammen soll. Auch der Name der »Betonica«, der alten Heilpflanze, später Ziest genannt, kommt daher. Die Schreibweise Veronica taucht erst in den Kräuterbüchern des 16. Jahrhunderts auf. Beziehungen zur Heiligen Veronica oder dem griechischen Frauennamen Berenice, samt Querbeziehungen zum griechischen beronike, Bernstein, sind heute nicht allgemein anerkannt. Die Ableitung vom lateinischen vera unica, die wahrhaft Einzige, wegen ihrer überschätzten Heilkraft angenommen, scheint zweifelhaft.

Die über die Welt verbreitete Gattung wird 250 bis 270 Arten umfassen, eine neue Monographie steht bevor. In Europa wachsen etwa 70 Arten, in Mitteleuropa die Hälfte. Veronica chamaedrys, das Gamander-Ehrenpreis hat große Ähnlichkeit mit der Labiate Teucrium chamaedrys, dem Gamander. Viele Kräuterbücher unterscheiden die beiden Pflanzen nicht und nennen sie einfach Gamander und Chamaedrys, die Zwergeiche, nach dem griechischen chamai, am Boden befindlich, und drys, die Eiche, wegen der Eichblattform der Blätter.

Hieronymus Bock sucht in den antiken medizinischen Schriften Veronica officinalis vergeblich und schreibt: »Unsere Doctores brauchen das Kraut auch, wiewohl sie nichts in der geschrifft davon wissen, lernen aber täglich von den empirischen Weibern die der Circes Künst können ... und so weiss ich auch kein Tugendt wunderbarlicher und kreftiger zu den bösen Lüfften, insonderheit das gebrant Wasser davon, zuvor inn gutem Wein gebeißt, ein Tag und ein Nacht darnach gebrant, mit welchem Wasser ich viel schneller gifftiger pestilenischer Febres gewandt, beide in den Alten und Jungen ... denn davor muß das Gifft vom Hertzen raumen und mit Schwitzen ausfaren.« Ehrenpreis vertreibt Schwindel, bringt ein gutes Gedächtnis, löst Schleim, wärmt den Magen, ist gut für Lunge, Leber und Nieren, reinigt die Gebärmutter, die Blase, heilt Gelbsucht, treibt Lendenstein und allen giftigen Unrat aus dem Leib.

Im »Gart der Gesundheit« wird ein Saft, mit Honig temperiert, empfohlen für die Augen, denen er die »Dunkelheit benimmt« und sie klar macht. Es heißt dort, das Kraut sei heiß und trocken, ziehe den Blitz an und sei niemandes Nutz, weder dem Menschen noch dem Vieh. Aber gut gegen den kleinen Grind. Auch an der Liebe Zerbrochene können mit Hoffnung von dem Kraut einen Saft trinken.

Lange Zeit glaubte man an die umfassenden Heilkräfte der Pflanze und tradierte sie in den alten Namen Grundheil, Heil aller Schaden, Heil der Welt, »Sta up und ga weg«. Aus Pestzeiten ist ein Vers überliefert: »Trinkt Ehrepris un Bibernell, so sterbet ir nit so schnell«. Dieselbe Verheißung singt ein kleiner Vogel vom Tormentill. Heute wird Tee aus der Pflanze gegen Luftröhren- und Blasenkatarrh angewendet. Auch Ausschläge werden mit Veronica officinalis behandelt.

Gamanderehrenpreis, früher als Surrogat des Gamanders in den Apotheken, viel verwechselt mit Veronica officinalis, wird wie dieses Männertreu genannt, weil die Blüten so vergänglich sind und rasch abfallen. Nicht etwa, weil sie so blau wie die Treue sind! (Die eigentliche »Mannstreu«, das Eryngium, hat sich der junge Dürer als Emblem in die Hand gegeben und die Pflanze damit bekannt gemacht). Frauenbiß heißt dagegen das Gamanderehrenpreis. Andere Volksnamen sind Katzenäugle, Fröschgückele, Großmütterli, Lisbethli, Augentrost. Gewitter-, Donner-, Wetterblume, weil man beim Abreißen Gewitter anzieht, und wenn man sie ins Haus mitnimmt, den Blitz. Fuchs hat die Namen Erdweihrauch und Vergißmeinnicht.

Der Name der Heiligen Veronica mit dem Schweißtuch hat im Mittelalter der Pflanze zusätzliche Bedeutung verliehen. Sie wurde zum Symbol für die Passion. Wegen ihrer Wunden heilenden Kräfte war sie ein Heilssymbol.

Im »Paradiesgärtlein« gibt es das Ehrenpreis auf der linken Seite unter dem Kirschbaum vor der weißen Mauer und rechts neben dem Tisch, vor dem Bord des Hochbeets blühend. Veronica beccabunga, die Bachbunge, die feuchte Standorte bevorzugt, wächst viel unscheinbarer, dicht am Brunnentrog, vorn und an der Seite aus den Ritzen. Die »Heilige Veronica« des Meisters von Flemalle hat das Ehrenpreis rechts neben sich, am oberen Rand der Wiese. Bei der »Medici-Madonna« des Rogier van der Weyden steht die Pflanze rechts von der Vase mit Lilie und Iris. Auf dem Bild »Die Beweinung Christi« nach Dirk Bouts ist in der linken Ecke am unteren Bildrand die erste Pflanze ein Ehrenpreis.

Eisenhut, Sturmhut
Aconitum napellus
Abbildung siehe Seite 52

In Theophrasts »Historia plantarum« ist zu lesen, das Kraut akoniton stamme aus Kreta und seinen Namen habe es von der Stadt Akonae in Bithynien, wo man es gefunden habe. Er betont, daß es sehr giftig sei und den Tod bei geeigneter Zubereitung nach zwei, drei oder sechs Monaten, aber auch nach einem oder zwei Jahren eintreten lassen könne, gezielt.

Bei Heraklea am Pontus, am Eingang zur Unterwelt, soll aus dem Geifer von Cerberus, dem Höllenhund, das Gift aconitum stammen, so Plinius und Ovid. Auch dort fand man die Pflanze aconiton. Nach einer anderen Sage ist sie entsprungen aus dem Blut von Prometeus, das auf den Felsen tropfte, wenn der Adler kam und die Leber fraß.

Die Arten sind zahlreich, ihre Areale, auf der ganzen nördlichen Hemisphäre verbreitet, beschränken sich auf die Gebiete, in denen die Hummelgattung Bombus vorkommt, die zur Bestäubung wichtig ist.

In Megenbergs »Buch der Natur« aus der Mitte des 14. Jahrhunderts steht: »Napellus heißt Sturmhut. Er wächst an der Meeresküste, ist sehr giftig und höchst schädlich und wirkt über die Maassen erhitzend und austrocknend. Reibt man sich mit dem Kraute ein, so entfernt es die Flecken und Male von der Haut. In Form eines Getränkes nach ärztlicher Vorschrift genossen, hilft es gegen den Aussatz, wirkt aber giftig, wenn man mehr als eine halbe Unze davon nimmt. Ja, noch kleinere Gaben sollen schon, nach einigen Angaben, für den Menschen tötlich sein können. Es ist ein Wunder, dass eine kleine Mäuseart sich von den Wurzelknollen des Sturmhutes

nährt und dadurch selbst ein Gegengift gegen Sturmhut-
vergiftung wird. Auch die Wachteln fressen das Kraut
ohne Schaden.«

Die Maus kannte Albertus Magnus schon im 13. Jahrhundert. Fast dreihundert Jahre später empfiehlt Matthioli dringend, sich nicht auf Immunisierung durch das
Mäuschen zu verlassen, das er selbst bei Trient gesehen
und gefangen habe. Es sei sowieso sehr schwer zu finden. In seinem »Kreuterbuch« berichtet er von der
schaurigen Vergiftung eines starken jungen Mannes, die
er in Prag 1561 gesehen hat. Er schildert die Geschichte
als Warnung vor dem Gebrauch des Krautes. Der Mann
hatte sein Leben durch Diebstahl verwirkt, und es sollte
Gift und Gegengift an ihm erprobt werden. »Man gabs jm
in der Meynung, so er das Gifft durch obengenannt Ge-
gengift-Pulver überstehen würde, hette man jhm loß ge-
lassen ... Aber er verwandelt die Augen scheußlich, sper-
rete und zerrte das Maul, krümmt den Halß ... nach dem
erbrach er sich, und speiete viel stinkenden Wust und
Gewässer auß von Farben gelb und bleich und schwartz
... daraufhin starb er sanft.«

Hat Theophrast nicht gewarnt? Vor Gift? Er hat dem
Eisenhut aber nicht den warnenden Namen gegeben.
Das haben andere getan. So sagt Bock: »Napellus hat seinen Namen a Napo, weil die Wurzel sich einem Stöck-
rüblein vergleichet, item Teufelswurz, weil Napellus ein
Gift ist, beides, Menschen und Viehe. Deswegen er auch
Thora quasi Phtora, interitus, bei etlich heißet. Dann er
bringt den Menschen ums Leben. Das hat man wohl bei
Antorff befunden, an denen, so diese Wurzel haben gegessen, und sind darüber gestorben.« Phtora, griechisch,
und interitus, lateinisch, sind das Verderben, der Untergang, die Vergänglichkeit und der Tod.

Vom Gift wußten alle. Bei den germanischen Völkern
kann die Pflanze ein Zauberkraut gewesen sein, der nor-

wegische Name trollhat spricht dafür. Man hat sie aber auch zum Vergiften der Wölfe benutzt, noch heute heißt sie Wolfswurz, Wolfskraut, Wolfsgift. Im Umkreis von Sennhütten in den schweizerischen »Lägern« wächst Eisenhut üppig als gut gedüngte »Lägerpflanze«, vielleicht von Sennern zuerst dahin gebracht, um Wölfe und andere wilde Tiere zu töten oder mindestens abzuhalten.

Vom Gift wissen wir heute »alles«. Seine Zusammensetzung und Wirkung ist weitgehend untersucht und auch dem modernen Menschen für giftig befunden.

Das Gift verhütete schließlich die Verwendung von Eisenhut in der Volksmedizin. Die Nase schwillt an, wenn man nur riecht an der Pflanze, heißt es im Rheinland. Nur für Betrug ist sie gut: in Kärnten bekamen sie Pferde vor dem Verkauf zu fressen, damit sie »schäumig« und feurig wurden.

Der Eisenhut ist die Pflanze mit nicht nur zahlreichen, sondern zahllosen Namen. Sie werden hergeleitet von der Blüte, deren Form mit Kopfbedeckungen, Schuhen, Vögeln, Tieren, dem Rachen, der Hose, Körben, Wagen und Gespannen verglichen wird: Schlotfegerskappen, Pantöffelken, Holtschoe, Fischerkiep, Reiter zu Pferd, Arche Noah, Venuswägelchen usw. usw., etwa einhundert Namen bei Marzell. Auch die Form der Wurzel gibt Namen, sowie das Gift und Gegengift, oder die Verwendung als Heilpflanze und ihre Einschätzung als Wetterblume.

In den mittelalterlichen Gärten entwickelte das Kraut bald prächtige gefüllte Blüten, und später hat es der ironische Aigremont in seine Liste der Aphrodisiaka aufgenommen.

Mit seinen giftigen Eigenschaften ist der Eisenhut auch bei den Christen ein Symbol des Todes geblieben. Auf dem Bild »Maria lactans« des Meisters von Flemalle steht er ganz links außen, wie eine künftige Bedrohung.

Zusammen mit rotem Klee, dessen Blüte, neben der des
Eisenhuts, auf dem weißen Mantelsaum Marias zu sehen ist, gehört er zu den wenigen Blumen, die aus der
Pflanzengesellschaft herausgehoben sind. In der »Beweinung Christi« nach Dirk Bouts findet man Aconitum
in der rechten Ecke des Bildes als zweite Pflanze von
rechts.

Eisenkraut
Verbena officinalis
Abbildung siehe Seite 53

Verbenae waren bei den Römern grünende Zweige
von Lorbeer, Myrthen, Zypressen, Ölbaum und andere, die zu religiösen Handlungen dienten. Ein Prie-
sterkollegium, das für Krieg und Friedensschluß zuständig war, trug solch ein »heiliges Gezweig« auf dem Kopf.
»Verbenaca«, so nennt Plinius unsere Pflanze und »Hie-
robotane«, das ist das Heilige Kraut. Dioskurides sagte
Peristereon, der Taubenschlag, das Taubenkraut, hatte
dazu Namen wie Junonis lacrymam, Mercurii sanqui-
nem, Trixalim und Sideritis, vom griechischen sideros,
Eisen. Der althochdeutsche Name iserna chrut ist eine
Übersetzung davon, wird im Mittelhochdeutschen zu
isenkrut, zu Isenhark (Eisenhart) und später zu Eisen-
hindrik, iserne Hindrik, Eisick.

In Griechenland war es den mütterlichen Gottheiten
heilig, der Demeter, der Persephone. Es sollte zum Bei-
schlaf antreiben und denselben wirksam machen. Ein
Kräutlein für »unliebsame« Eheleute. Plinius hielt kein
Kraut für berühmter. »Träne der Iris« nannte man die
Pflanze im alten Ägypten und verbrannte sie bei Feiern
und Zeremonien.

Das Eisenkraut, dessen Heimat wahrscheinlich der
Mittelmeerraum war, ist alter Kulturbegleiter. Sein er-

stes Auftreten in Mitteleuropa ist unbekannt, vielleicht hat es schon bei Kelten und Germanen eine gewisse Rolle gespielt. Aigremont sagt, es war dem Donar heilig. Hildegard von Bingen kannte es als Heilpflanze. Albertus Magnus schreibt, wenn man das Kraut auf ein Taubenhaus legt, versammeln sich die Tauben: Peristereon! Dazu die Wirkung auf die »ehelichen Geschäfte«. Gurrelieder.

Brunfels gibt eine schöne Zusammenfassung vom Stand der Dinge: »Die heidnische Priester haben das Kraut ohn Unterlaß im Tempel bewahrt und ihres Gottes Jupiter Altar damit gereinigt. Und so die Römer ihre Legionen gegen den Feind ausschicken wollten, haben sie das Kraut von der Priesterschaft gefordert, vermeinend, wenn die das Kraut bei sich hätten, hätten sie mehr Glück von ihrer Widerpart zurückzukommen. Ihre Schwarzkünstler schreiben, es habe die Kraft, den bösen Feind zu zwingen und sei zu allen Zaubereien dienstlich. Wer sich mit seinem Saft bestreicht, dem möge niemand abhold sein, man muß ihn lieb haben. Man besprengt das Gasthaus damit, so sollen die Gäst fröhlich davon werden und keines Thiers Gift dort sein ... Es haben aber Römische und Griechische Magi nit jede Verbena angenommen, hat auch nit jede Kraft gehabt, sondern war zu Jahr einmal gegraben, um den Aufgang des Hundssterns Sirius mit der Wahrnehmung, dass in selbiger Stund weder Sonn noch Mond gesehen wurde. Man hat auch das Erdreich besprengen müssen mit Wab und Honig. Danach macht der Zauberer einen Zirkel darum mit dem Schwert und gräbt das Kraut innerhalb des Kreises mit der linken Hand und hebt es empor.«

Es ist, und das wird nicht nur von Brunfels bezeugt, das »Kleinod der Wundärzte«. Angebaut in den Gärten der Apotheker, der Klöster, in Stadt und Land, wird es zur Droge Herbae verbenae, Herbae sanquinalis. »Ferruminando« ist das beste Wundkraut und als Herba sacra zum Zaubereigebrauch tüchtig.

Im Mittelalter werden »Besegnungen« und Zauberformeln, die Sieg, Kraft, Tugend, Reichtum und Liebe versprechen, sogar von Geistlichen aufgezeichnet. Gelehrter Hokuspokus, seit der Antike. Bock kritisiert: »...die solche teufflische Aberglauben in der Christenheit sollten wehren, seind die ersten ... also fest ist die Zauberei eingerissen bei den Geistlichen, mehr dann bey dem gemeinen Mann«. Martin Luther sagte, Leute, die Eisenkraut an die Kinder binden, die sie zur Taufe bringen, schänden die heiligen Sakramente.

Umsonst. Das Kraut braucht man. Zum Exorzismus von Dämonen. »Vervain and dill hinders witches from their will«, heißt es in England. Es bringt Glück. Es gibt Schutz. Es läßt angezauberte Krankheiten erkennen, verborgene Schätze, Gestohlenes und Verlorenes auffinden. Man erfährt, ob jemand Freund oder Feind ist. Es macht Flinten und Kugeln treffsicher, macht Neugeborene später stark wie Eisen. Unausrottbar. Heiligkraut. Sagenkraut. Verbena officinalis.

Endlich kommt es auch in den Strauß aus neun Kräutern, die an Maria Himmelfahrt geweiht werden.

Auf einer der vier Tafeln des Meisters von Pfullendorf, die das Leben Mariens darstellen, wächst das Eisenkraut im Bild der »Heimsuchung Mariae« auf der linken Seite unten.

Erbse
Pisum sativum

Das griechische pisos, pison oder pisson, das keltische pis und das lateinische pisum haben dieselbe Wurzel. Theophrast gibt eine ungesicherte Ableitung aus dem griechischen ptissein und dem lateinischen pisere oder pinsere, stampfen, enthülsen. Ob der Name pisum von der griechischen Stadt Pisa in Elis herkommt, wo sich olympische Kampfstätten befanden, und die man zwischen den Bergen Ossa und Helicon suchte, ist ungewiß.

Im Altertum galt die Erbse als unrein, fast wie die Bohne. Sie bläht, sie reizt »die schlimmen Begierden«. Die Germanen hatten sie dem Donar geweiht, dem Donnergott, der auch für die Ehe zuständig war und der mit seinem Hammer für die Fruchtbarkeit aller Geschöpfe sorgte. Vergleiche der Erbse mit Hagelkörnern und Erbsen als Fruchtbarkeitszeichen sind in der heidnischen Mythologie zu Hause.

Der deutsche Aberglaube hält die Erbse, wie die Bohne, für die Kultspeise der Elben in den zwölf Rauhnächten. Wenn man sie in diesen Nächten aß, wurde man elbisch irre und mit Hautflecken gezeichnet. In den Erbsenfeldern sollen die berückenden Frauen mit den langen Haaren gewohnt haben, die den Männern den Verstand nahmen. Für Zwerge waren Erbsen beliebte Gerichte. Die Menschen brauchten Erbsen und Erbsenstroh als apotropäisches Mittel, als Zauber gegen Hexen und – Mäuse! Erbsen in einem Totenkopf oder Tierschädel vergraben und gekeimt, sollten unsichtbar machen, sollten aber auch dazu befähigen, Hexen zu erkennen oder die Sprache der Gänse zu verstehen.

»Erweissen« heißt die Erbse bei Hieronymus Bock. »Wir wollen nun eins in die Küchen, und vom Köchsel reden, das die Alten Legaria und die Neuen Legumina nennen, darumb, daß man solche Frucht mit dem Stroh viel lieber außerrupfet, denn abschneidet. Die kleine Feld Erweissen, die Klotz Erweissen, die großen Pfol oder Garten Erweissen. Mit dieser gemeinen Gartenfrucht ists dahin gerathen, daß die aller gelehrtesten nicht eigentlich wissen, wie doch die Erweissen bei den rechten Alten genennet werden, zancken sich hefftig darüber, und wann sie lang damit Arbeit haben, so bleibt doch der eingerissen gebräuchlich Nam Pisus, Pisa, Pisum.«

Essen oder nicht essen, das ist ein immerwährender Widerspruch. Erbsengerichte werden an Donnerstagen gegessen oder nicht, aber auch später zu den christlichen Festen, Weihnachten und Ostern, sowie zu Fasten und Johanni. Am Karfreitag und während der ganzen Karwoche bringen sie den Tod ins Haus, wenn man sie ißt. Nimmt man sie aber in den »Zwölf Heiligen Nächten«, zu Dreikönig und am Karfreitag zu sich, bekommt man Schwären davon. Die Eiterpusteln, Aißen oder Schwären erinnerten an die Erbsengestalt.

Die Sympathiemedizin braucht sie im Gegensatz dazu zum Vertreiben von Warzen. Wenn man die Warze loswerden will, reibt man sie mit einer Erbse, bindet diese in ein Säckchen, wirft es hinter sich und hofft, daß einer es aufhebt, dann hat der die Warze. Gegen Gelbsucht läßt man Hühner die im Harn des Kranken aufgeweichten Erbsen fressen. Zahnschmerzen schwinden, wenn man auf dem Kirchhof Erbsen zerbeißt und sie in ein offenes Grab wirft. Masern wäscht man den Kindern mit Erbsenbrühe weg.

Obstbäume werden fruchtbar, wenn man ein Säckchen Erbsen an sie schlägt.

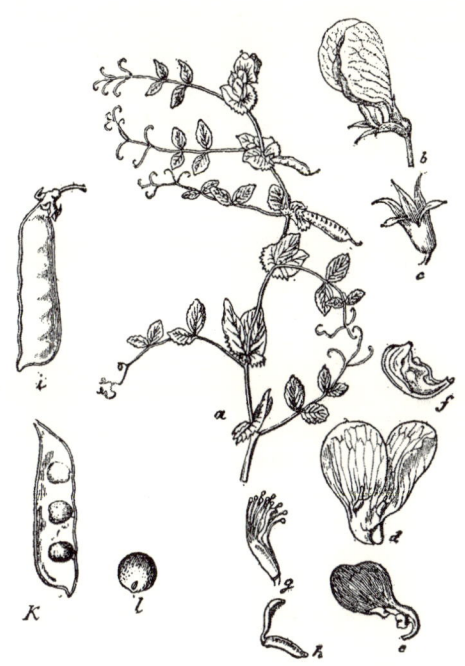

Erbse, Pisum sativum
Familie: Papilionaceae (Fabaceae)

*a) Oberer Teil der Pflanze, verkl.; b) Blüte, verkl.; c) Kelch
in nat. Gr.; d bis f) Kronblätter in nat. Gr.; g) Staubgefäße
in nat. Gr.; h) Griffel, vergr.; i) Frucht verkl.; k) dieselbe
geöffnet, verkl.; l) Samen, verkl.*

Welche Arten der Erbse im Altertum vorhanden waren, ist bis ins 19. Jahrhundert ungeklärt. Und unser
Pisum sativum, die Felderbse, woher stammt sie? Saat-
Platterbse, graue Felderbse und Kapuzinererbse kommen in Frage. Weiße Blüten, glatte kugelige Samen, violette Blüten, kantig eingedrückte Samen, kreuzweise
vertauscht, alle zusammen vielleicht dem am Kaspi-See
wildwachsenden Pisum elatium entsprossen.

Orobeia, arabeia, arvilia, roveglia, araweiz, arbeiz, erbeiß, und erebinthos hemeros hieß die Erbse. »Mundus
symbolicus« wurde sie genannt, Symbol für Bescheidenheit und Demut. Auch Sinnbild für Tugend und fromme
Werke ist sie und, mit ihren vielen Früchten, eine nützliche Pflanze.

»Widerspruch, du Herr der Welt!« Die Erbse ist auch
Zeichen der Labilität. Die zarten Stengel tragen die Massen der Blätter nicht, man muß sie hochbinden und an
Reisern klettern lassen. Dafür gilt sie als Sinnbild der
Unbeständigkeit. Endlich ist sie zum Symbol geworden
für die Sünden der Welt.

Martin Caldenbach legt zwischen Rosen und Nelken
eine halbe und eine ganze geöffnete Erbsenschote auf
die Stufe, auf der die »Heilige Anna Selbdritt« figuriert.

Erdbeere
Fragaria vesca
Abbildung siehe Seite 54

Die Erdbeere ist weit verbreitet, eine alte Pflanze, und
doch wurde sie weder von Theophrast noch von
Dioskurides erwähnt. Erst Plinius, Ovid und Vergil sprechen von ihr. Sie nannten sie fragum. Wenn man annimmt, daß fragrare, duften, in dem Wort steckt und
vesca mit vesci, sich nähren, in Verbindung bringt, ist es

die Pflanze mit der eßbaren, duftenden Beere. Leitet man aber vesca von vescus, zehrend, ab, ist es die, von der man nicht satt wird. Eine Legende: Christus traf auf Erden ein Mädchen mit einem verdeckten Körbchen mit Erdbeeren und fragte, was darin sei. »Nichts«, log das Kind, und er sagte: »Dann soll es auch nichts sein«. Also sind die Erdbeeren ein Nichts geworden und sättigen und nähren nicht, auch wenn man noch so viel von ihnen ißt.

Im Norden fand man in Pfahlbausiedlungen aus der jüngeren Steinzeit ihre Früchte. Vielleicht sind es Reste von Beerenopfern an die Waldgeister, Zeugnisse frühester Menschengeschichte. Später war die Erdbeere der Göttin Freya geweiht, lockend, leuchtend, schön. Freya opferte man die ersten drei Beeren im Jahr. Sie bekommen Bedeutung als Sinnbild der Weltlust, der Verlokkung und der Sünde. Ihre Farbe und ihr Aroma sind verführerisch und die Frucht wird Symbol für Sinnenfreuden. In manchen Gegenden wird die Erdbeere mit der Brustwarze der Frau verglichen, heißt Bresling, Prestling.

Im Christentum kommt es zu einer zweiten, neuen Bedeutung. Die Pflanze ohne Dornen, die Beere ohne Kern und Schale, »ganz eßbar«, wird zum Sinnbild der Rechtschaffenheit. Sie ist die Frucht des Geistes, wird Symbol der Inkarnation Christi, erscheint als Schmuck Marias und wächst in der Nähe der Heiligen Familie. Mit dem Veilchen zusammen steht sie für Bescheidenheit und Demut. Die weißen Blüten sind Marias Unschuld. Die Dreiblättrigkeit der Pflanze weist auf die Dreifaltigkeit hin. Schließlich wird sie aber auch zum Zeichen für Vergänglichkeit und Eitelkeit.

Das Volk glaubt: »Erdbeeren helfen dem Mann aufs Roß und dem Weibervolk unter den Boden«. Aber auch: »Wegen einer Erdbeere sollte ein Mann vom Roß steigen, eine Frau aber sollte sie zertreten.« Für Männer nämlich ist die Beere gesund, für Frauen schädlich, Müttern und Kindern ist Vorsicht geboten. Fällt eine Erdbeere beim Pflücken herunter, gehört sie den armen Seelen – oder dem Teufel. Am Johannistag hat Maria die Kinder zum erstenmal in die Erdbeeren geführt. Sie opfern an einem Kreuz oder in einer Kapelle drei Beeren, die sind die Seelennahrung verstorbener Kinder.

Die Volksmedizin verbindet sich mit dem Aberglauben. Der Pflanze werden antidämonische Kräfte zugetraut. Tee aus den Blättern gegen Behexen. Besonders die junge Pflanze im Frühjahr ist heilsam. Wenn man die ersten Blüten ißt, bekommt man kein Fieber. Ein Umschlag hilft gegen erfrorene Glieder. Ein Paar Mannsstiefel, mit Erdbeeren gefüllt, soll die Person mit »gefrörten« Füßen barfuß anziehen und ein paar Stunden darin laufen.

»Die Köch seind der Erdbeeren auch gewar worden«, schreibt Hieronymus Bock, »machen gute Müßlein darauß, gebüren den krancken hitzigen Menschen mehr dann den gesunden, umm der Kühlung willen. Erdbeeren und das gebrandt Wasser darvon, ist ein Außbund an innerliche Hitz der Lungen zu leschen, den Durst zu stillen … die aussetzigen Menschen so ein hitzig geblüt und rote Angesichter haben, mögen sich lange Zeit mit Erdbeerwasser aufhalten.« Schroeder empfiehlt: »Kraut kühlt und trocknet mäßig, adstringieret in etwas, treibt den Harn, oft gegen Gelbsucht gebraucht, wie auch zu Gurgelwasser und Bädern. Zur Mäßigung der Geblütshitz. Stillet in rotem Wein gekocht als Cataplasma der Scham und dem Kamm überschlagen weißen Weiberfluß, sowie auch den Samenfluß. Für Milz und Gries. Treiben Schweiß. Frostfinger- und Zehen im Sommer ständig mit Erdbeeren reiben.«

Am Ende eine botanische Delikatesse: Ihre Frucht ist

keine Beere, sondern eine kleine Nuß, das ist eine einsa-
mige Schließfrucht, aus dem Fruchtknoten hervorgegangen. In großer Zahl sitzen diese Nüßchen auf der
fleischigen, verdickten Blütenachse, die wir essen.
Echte Beeren hingegen bringen Kürbis und Gurke hervor, deren vielsamige Beerenfrüchte von unterständi-
gen Fruchtknoten gebildet werden, und bei denen die
Samen in der fleischigen Fruchtwand sitzen.

Es bleibt aber die *Erdbeere*, ist keine *Erdnuß*, die mit
ihrer vielfältigen Bedeutung auf unseren Bildern erscheint.

Im »Paradiesgärtlein« ist eine große Erdbeerpflanze
mit Blüten und Früchten, rechts von der Mitte des Bildes,
über der Figur des kleinen, schwarzen Teufels. Rogier
van der Weydens Bild der »Medici-Madonna« hat, zwischen Petrus' Füßen, die Erdbeere. In dem »Kreuzigungsaltar« eines mittelrheinischen Meisters findet man
die Pflanze in der Mitteltafel zwischen Maßliebchen und
Wegerich. Stephan Lochner gibt in seinen »Martyrien
der Heiligen« dem Paulus, dem Andreas, dem Johannes
Evangelist, dem Bartholomäus und dem Jacobus Erd-
beerpflanzen mit in ihr Martyrium. Eine schwäbische
Darstellung der »Ruhe auf der Flucht nach Ägypten«
zeigt eine Wiese, in der Erdbeeren unter Marias Mantelsaum und am Bach stehen. Im Altar des Meisters von
Frankfurt mit der »Kreuzigung Christi« ist die Pflanze,
auf dem rechten Flügel, unterhalb der Stifterin zu finden. Bei Hans Baldung gen. Grien ist in der »Taufe Christi« eine Erdbeere, rechts, in der unteren Ecke des Bildes. Holbein d. Ä. malt sie, auf dem Altar der »Passion
Christi«, in der Tafel der Auferstehung, links vom Sarko-
phag. Bei der »Heiligen Sippe« des Meisters der Heiligblut-Kapelle werden Erdbeeren von einem der Heiligen
Kinder gegessen. Es pflückt sie von einer großen, auch
noch blühenden Pflanze.

Frauenmantel, Sinau
Alchemilla vulgaris
Abbildung siehe Seite 55

Alkemelyeh, das »himmlische Wasser« der Araber, haben die Alchemisten gebraucht, um den Stein der Weisen zu bereiten. Es gab ihnen ihren Namen, den Stein der Weisen gab es ihnen nicht.

Unsere Pflanze ist zum erstenmal im Mainzer »Gart der Gesundheit« dargestellt, mit dem Namen Alchemilla sinauwe. Sie sei der »Löwenfuß« des Dioskurides, das Leontopodium, ein Irrtum, mit dem sich die Kräuterbücher des 16. Jahrhunderts plagen. Von »Synnaw oder unserer Frawen Mantel« schreibt Brunfels: »Diejenigen, so Synnawe Leontopodium und Leontopetalon nennen bei dem Dioscoride, tun ihm seiner Gestalt halber nicht Unrecht ... wöllen aber ein solches Kräutlein baß herausstreichen, denn es ist gemeiniglich bekannt und in einem großen Gebrauch bei Wundärzten«. Es war gewiß eine ganz andere Pflanze, die im Altertum gemeint war, welche ist strittig. Den Namen Leontopodium, Löwenfuß oder Löwentatze, bekam später von Linée das Edelweiß.

Hieronymus Bock verwendet den Namen Alchemilla oder Alchymilla als erster »richtig« und erklärt ihn mit dem »Himmlischen Wasser«, dem Tau, der sich in der Mitte der Blätter sammelt, oder auch mit den Regentropfen, die dort liegenbleiben. Noch auffallender aber als dieses Wasser im Blattgrund sind die »Guttationstropfen« an den Blatträndern, die wie Perlen die Blätter säumen, ähnlich wie bei Drosera, dem Sonnentau.

Sindouwe, das Wort ist verschliffen zu sintau und schließlich zu Sinau. Das altdeutsche »sin« bedeutet »immer« (siehe Immergrün), dazu der Tau, das meint die Pflanze, die immer Tau hat.

Zuviel Sinn ergibt Unsinn? Immerhin ist das lateinische sinus auch das bauschige Gewand, der Faltenwurf der Toga. Die Blätter von sinau sind mit einem gefältelten Frauenmantel verglichen worden, der Name Frauenmantel ist unausweichlich, und er ist mehr als nur formaler Vergleich. Das Kraut ist heilsam hauptsächlich den Frauen, heißt Mutterkraut und Allerfrauenheil, es ist eine der »Frauenpflanzen«.

Auch zu unheiligem Heil war es zu gebrauchen: »Ein Tüchlein genetzt von der Frau, die weiche Brüste hat und in die Badstub geht, und im Ausgang das nasse Tüchlein überlegt, gibt ihr straffe Brüste«, schreibt Schroeder. Als Adstringens benutzten die »Dienerinnen der Venus vulgivaga« ein Dekokt aus den Blättern: »in den Bädern, wo man die oft bestürmte Venus Burg gerne jungfräulich haben wollte«, so ebenfalls Schroeder. Ein Rezept von Tabernaemontanus, sechzig Jahre früher: »Dieses Kraut in Regenwasser, oder aber in Leschwasser, darin die Schmid das glühend Eisen ableschen, gesotten, und mit demselbigen Wasser die heimlichen Örter der Weiber geweschen, dringet es dieselbigen zusammen, als wenn sie Jungfrauen werend«. Badstubenfreuden.

Die Guttationstropfen an den Blättern, aktiv von der Pflanze ausgeschiedenes Wasser, auch »Tau« genannt, werden gesammelt zum Waschen des Gesichts, für eine schöne Haut und gegen Sommersprossen.

Ein alter, in Kräuterbüchern vorkommender Name ist Omkraut. Om oder Ohm ist eine entzündete Hautstelle oder Geschwulst, die mit den kühlenden und zusammenziehenden Blättern geheilt wurde.

Frauenmantel muß man mit einem »Kräutergebet«, einer Beschwörung, sammeln. Zwischen zwei »Frauentagen«, Mariae Himmelfahrt und Mariae Geburt, soll man die Pflanze pflücken oder ausgraben und heimtragen.

Taumantel, Mantelkraut, Frauenkraut, Frauenbiß, Taublatt und Johannisblume; Chränzlichrut und Alchemistenkraut sind einige Volksnamen.

Der Mantel schützt, der Tau heilt. Es ist aber hauptsächlich der »Mantel unserer Frauen«, also Mariens Mantel gemeint, und das ist der weit verbreitete Name der Pflanze seit 1500.

Frauenmantelblätter finden sich neben der Krone des Heiligen Michael im »Paradiesgärtlein«. Im »Johannesaltar« nach Rogier van der Weyden sind sie neben der Distel, im linken Flügel, und im Mittelteil unter den Füßen des Täufers zu sehen. Stephan Lochner malt auf seinen Altartafeln mit dem »Martyrium der Heiligen« Veilchenblätter wie Frauenmantelblätter, vor allem im Martyrium von Paulus.

Gänseblümchen, Maßliebchen, Tausendschön
Bellis perennis
Abbildung siehe Seite 56

Bedörfte wohl aus Delphis ein Oraculum zu diesen Blumen, wie sie die Alten genannt hätten. Plinius und Ruellius nennen sie Bellium minorem und Bellidem, in Gallia heisset sie Margarita, dabei laß ichs auch bleiben«, sagt Hieronymus Bock.

Ovid schildert sie als Attribut der Venus, wenn sie als eine der ersten Blumen im Frühjahr, der Jahreszeit der Venus, erscheint. Plinius gab ihr den Namen mit der Bedeutung schön, hübsch, unser Bellis. Der Artname perennis, von annus, das Jahr, also das Jahr über dauernd, wird, mit dem Gattungsnamen zusammen, zu Tausendschön.

Maßleben, maszlieben hieß es im 15. Jahrhundert. Darin steckt das keltische Wort Maas, Feld. Auch das niederländische mateliev, magdelief, das meint der Jung-

frau Maria lieb, gibt Anlaß zur Deutung des Namens Maßliebchen. Nach einer alten Legende ist das Maßliebchen
aus Marias Tränen, die sie auf der Flucht nach Ägypten
weinte, entstanden. Bei Johannes Schroeder gibt es den
verbreiteten Volksnamen Marienblümlein schriftlich.
Nach seiner Meinung kann der Name Bellis aber auch mit
Krieg übersetzt werden, was ja zutrifft. Er schließt daraus:
»Weil wir zu Kriegszeiten derer Kräfte am meisten erfahren an Kopf-Wunden und an Brust-Wunden.«

In der Tat war schon im Mittelalter »das Maßlieben
Blümlein ein recht Wundkraut, heilet alle Blätterlein
und die zerbrochen Hirnschalen. Mögen im Leib und au-
ßerhalb genützt werden«, sagt Bock. Empfehlungen zur
Anwendung des Marienblümleins sind auch bei anderen
mannigfaltig, die Vielzahl der Krankheiten, gegen die
das Kraut angewandt wurde, spricht nicht für eine spezi-
fische Wirkung.

Frühlingsblumen haben auch vorbeugende Kraft, so
das Maßliebchen. Man bekommt das ganze Jahr kein
Fieber, wenn man die Blüten ißt. Sie schützen vor »bösen« Augen, vor Zahnschmerzen und vielen anderen
Krankheiten. Jedenfalls soll man die ersten drei Blumen,
die man sieht, essen, man bekommt im Sommer danach
keinen Durst und es schadet kein »fremdes«, unsauberes
Wasser. Kleinen Kindern werden »Gichterkränze« gemacht und gegen Krämpfe unter das Kopfkissen gelegt.
Die am Johannistag um 12 Uhr mittags ausgegrabene
Pflanze schützt gegen Pest. Als Liebesorakel ist sie so gut
wie die Margerite, und wenn sie lange Stiele hat, wächst
der Flachs lang.

Die Volksmedizin braucht bis in unser Jahrhundert
und zum Teil bis heute »Flora Bellidis« und »Herba
Bellidis« bei Bluthusten, Wassersucht, Steinbildung,
Asthma, Magen- und Darmkatarrh und bei Verletzun-
gen, Schwellungen und Hauterkrankungen.

Gänseblümchen wird die Pflanze 1735 von Linée genannt. Ihre Volksnamen, etwa achtzig, leiten sich von Maria, von der Ähnlichkeit mit der Margerite, von der Form und Beschaffenheit der Blüte, von seiner Schönheit, von Tieren, Standort und Blütenfarbe her. In England heißt sie daisy, day's eye, das Auge des Tages.

Die roten Spitzen der Randblüten mußten erklärt werden: Das Jesuskind hat sich an Dornen geritzt. Maria hat sich in den Finger gestochen.

Maßliebchen wurde ein Symbol für die Seligen im Himmel. Fromme Christen, für die der irdische Frühling ein Vorgeschmack auf das himmlische Paradies war, sahen in den weißen Blüten die geretteten Seelen ihrer Toten. Zugleich war dieses Weiß Sinnbild der süßen Unschuld des Christuskindes und der Keuschheit der Mutter Maria. »God gruet di schone matelieve, dat bistu vrouve...«, heißt es in einem Marienlied aus dem 14. Jahrhundert.

Im »Paradiesgärtlein« sieht man drei Bellispflanzen, eine unter dem das Psalterium schlagende Christuskind und zwei andere am linken Bildrand, im Schatten der Kirsche. Im Blütenteppich, auf dem »Maria lactans« des Meisters von Flemalle steht, findet man überall verstreut Maßliebchen blühen. Im »Johannesaltar« nach Rogier van der Weyden ist die Pflanze in der Mitteltafel neben Christi Mantelsaum zu sehen. Stephan Lochner gibt in seinem »Martyrium der Heiligen« das Maßliebchen dem Andreas und dem Bartholomäus bei. Ein mittelrheinischer Meister malt Gänseblümchen verstreut in seinen »Kreuzigungsaltar«. Auf der rechten Seite neben dem Stifterwappen im Bild »Ruhe auf dem Kreuz, Kreuzannagelung und Kreuzaufrichtung Christi« von einem süddeutschen Maler wachsen sie ebenfalls. In der »Heiligen Nacht« des Bartholomäus Bruyn d. Ä. befindet sich Bellis in der Mitte des Bildes, unter dem Saum des

Engelsgewands. Im Altar des Meisters von Frankfurt mit der »Kreuzigung Christi« findet man die Blume, am linken Rand des linken Flügels, unter dem Immergrün. In der Mitte des Bildes »Die Heilige Sippe« des Meisters der Heiligblut-Kapelle steht über einer Veilchenpflanze ein Bellis und eine Blattrosette unter dem rechten musizierenden Engel. Das »Weibliche Brustbild« des Bartolomeo da Venezia hält in seinem Sträußchen auch Bellisblüten bereit. Conrad Faber von Creuznach gibt dem »Bildnis der Margarete Stralenberg« zwei gefüllte Blüten mit einer Nelke zusammen in die Hand.

Gänsefingerkraut, Gänserich
Potentilla anserina
Abbildung siehe Seite 57

Über die Gattung Potentilla ist bei der Blutwurz, potentilla tormentilla, zu lesen.

Das althochdeutsche grensinc wird zum mittelhochdeutschen grans, das ist der Vogelschnabel, dazu anserina, das lateinische anser, die Gans, diese beiden Wurzeln stecken im Namen Gänserich. Er ist eine echte alte Heilpflanze der nördlichen Hemisphäre, die bis ins arktische Nordamerika und ins nördliche Sibirien wächst.

Tabernaemontanus schreibt: »Wie der Genserich oder das Gänßkraut bey den Alten geheißen oder ob dieses Gewächs jhnen auch bekannt gewesen, das hat noch niemand gewiß angezeigt, denn die ein Millefolium daraus machen wöllen fehlen weit ... wir wöllen mit seinem gemeinen und bekannten Namen zufrieden seyn, und Gott dem Herrn darumb danken, dass er uns die Tugend und Kräfft dieses Krautes hat offenbaret.« Bock sagt, der Name stamme daher, daß die »Genß haben jre Weyd wo dis Kraut auff den feuchten Awen fladert«. Also auf dem

Gänseanger. Im Gänsekot gedeiht die Pflanze, heißt es bei anderen, das sei aber »Paracelsische Fabel, von alten Vetteln weitergegeben«. Doch die Namen bleiben: Gooseblume, Gänsegrau, Gansbratzen, Dreckkraut, Säukraut.

Zum Thema Kot liest man im Mainzer »Gart der Gesundheit«, der Grensyng sei Heilmittel gegen Stuhlzwang: »Welcher nit zu stul mocht gan und doch alle zyt gelust hette, also das es die krankeyt werde tenasmon (tenasmus) ... sollen diß krut syden in wyn und das also warm uff den nabel legen es hilft ohn zwyfel.«

Ein anderes widerliches Rezept: »Genserichkraut in den Schuh gelegt, darauff gangen, und den Hintern damit gewischt, stillet jeden Bauchfluß«, so Tabernaemontanus. Noch lange glaubte das Volk an die Wirkung gegen Gelbsucht, wenn man das Fingerkraut in die Schuhe legte. Bis in die Neuzeit, wo die Inhaltstoffe gut bekannt sind, wird es angewendet gegen Diarrhoe, Ruhr, Leucorrhoe, Geschwüre, Hautunreinheiten, Nierensteine, Arthritis und allerlei Krämpfe. Hustentee und Tee gegen Herzbeschwerden, Wassersucht und Blasenleiden.

Der Wurzelstock wurde in Notzeiten gegessen, und bei einem Indianerstamm in Columbien soll er immer noch ein nahrhaftes Gemüse sein.

Plinius hat bereits das »Quinquefolium«, das Fünffingerkraut, empfohlen, um Böses vom Haus abzuhalten. Es ist ein Mittel gegen Hexen und den Teufel, gegen die »Unterirdischen«, die es vor allem auf die Wöchnerinnen abgesehen haben. Genserich und Dill legt man in die Schuhe, wenn man zum Gericht geht und sagt dreimal: »Ich tritte uff diesen Genserich und uff diesen Dillen, so gebiette ich ihr richter und gerichtsleutte bei gottes gericht, auch krafft und macht, dass ich heute auf diesen Tag gerecht erlangen und erhalten möge und allen meinen widerwertigen obsiegen könne und wolle, das zehle

ich mir zu busse«. Mädchen sammeln den Gänserich:
»Ich habe gepflückt das Grensingkraut. Aufs Jahr bin ich
eine Braut«.

Sturm beschreibt 28 Fingerkräuter, zu denen er auch
die Erdbeere als Potentilla vesca zählt. Volksnamen
unserer Art sind: Silberblatt, Katzenpfötchen, wegen
der behaarten Blattunterseite. Loitergras, Leiterlechrut
nach der Blattanordnung und weil es Heilkraut für Menschen und Tiere ist: Krampfkraut, Maukenkraut, Wie-
derrick, Stierlichchrut und andere.

In der Wiese der »Maria lactans« des Meisters von Flemalle stehen, unter dem Veilchen, Blätter von Potentilla
anserina, die aber auch die sehr ähnlichen Odermennig-
blätter sein können. Das kleine Bild »Maria mit den Engeln« eines mittelrheinischen Meisters hat eine Menge
stilisierte Fingerkrautblätter im Vordergrund.

Gauchheil, Ackergauchheil
Anagallis arvensis
Abbildung siehe Seite 58

Der gouh oder gauh, althochdeutsch, gouch oder
gauch, mittelhochdeutsch, unser Gauch also, ist ein
Narr, ein Tor, einer, der herumgeistert, ein Gespenst.
Gouch ist auch der germanische Name des Kuckucks,
der geistert durch die dunklen Wälder, man hält ihn für
den Spuk des Bösen. Pfui Kuckuck. Dagegen war den
abergläubischen Deutschen ein Kraut gewachsen, ein
Gauchheil. Man fand es auf Gras- und Ödland, später auf
Äckern und Stoppelfeldern.

»Im Eingang des vorhofs auffhencke«, sagt Leonhart
Fuchs, dann vertreibe es »allerley Gauch und Gespenst«.
Brunfels beschreibt das Kraut: »ist von zweierlei Ge-
schlecht, Männlein und Weiblein, welche wir zu Teutsch

Gauchheil nennen. Welches bei den Alten mit solcher
Reverenz und Supersticion gegraben, dass sie vermein-
ten es sei nit kräftig, wo man es zuvor nit dreimal begrüs-
set, und als viel als anbete, eh dass man ein einzig Wort
rede, und ausser der Erde nehme ... Beide Gauchheil,
spricht Galenus, säubern und trücknen mit einer kleinen Wärme und einer ziehenden Kraft, die Ding, so sich
ins Fleisch gesetzt. Ihrer beider Saft in die Nasenlöcher
gestossen, reiniget das Hirn, trocknet ohn Schärffe, darumb sie auch Wunden heilen, und den faulen Schäden
nützlich sind.« Hieronymus Bock berichtet, Dioskurides
halte das himmelblau blühende Blümlein für das Weiblein, das rote für das Männlein. »Was die alten Heiden«,
sagt er, »für Abentheuer und Wort zu diesen Kreutern
vor dem Außgraben getrieben und gesprochen, zeigt Plinius an. Aber die Christen achten solcher Superstition
und Gauckelwerk nichts, wiewol unter denselben noch
viel Aberglauben geduldet werden«.

Vor allem wurden »Geisterkrankheiten« geheilt. Gegen Hysterie und Melancholie wurde Gauchheil angewendet. Vernunftkraut, Verstandkraut, Geckenheil. Es
soll schwach giftig und betäubend sein. Ein Geheimmittel gegen die Tollwut ist es. Die Samen seien tödlich für
Vögel. Auf offenen Wunden tötet sein Saft den stärksten
Hund, den stärksten Mann? Im Mittelalter hieß die
Pflanze auch Gachheil. Das mittelhochdeutsche »gach«
bedeutet jäh, schnell. Ein schnell heilendes Kraut, Gäh-
heil. Nah beisammen sind Heil und Unheil.

Im Altertum erwähnten Theophrast und Galenus
herba anagallidis, sein Name Anagallis gehört vielleicht
zu dem griechischen agallein, schmücken. Die kleinen
roten hübschen Blüten!

Alte Namen sind: anagallus (männlich), centrum galli,
morsus galli, hanminz, Colmarkraut, rossehub, Hühner-
darm, rote Miere und Mäusedarm. Im 16. Jahrhundert

verglich man die Samen mit Mäusehoden, Maushödle. Faule Magd, Nüniblüemli auch Zehniblüemli, weil sich die Blüten erst nach neun Uhr morgens öffnen, wenn da die Magd erst aufsteht! Firobettblüemli, da geht die faule Magd schon wieder schlafen um vier!

Manche sagen Augentrost.

Die Gattung hat 24 Arten. Unsere Art wird gelegentlich noch als Volksheilmittel gebraucht bei Wassersucht, Blutungen, Lungenleiden, Obstipation und gegen Warzen und Granulome. Homöopathisch als Tinktur.

Und das Volk glaubt: »Breitet sich morgens die Blüte recht fröhlich aus, wird es vierundzwanzig Stunden nicht regnen. Versteckt sie sich unter die Blätter, gibt es einen Schauer. Bleibt sie zu, fängt es ganz bald sehr stark zu regnen an.«

Sein schönster Name ist »Heil aller Welt«. Wir kennen ihn auch von Odermennig und Ehrenpreis. Als Symbol der Rettung ist Gauchheil bei der »Heiligen Veronika« des Meisters von Flemalle, am linken Rand des Bildes, über einem Vergißmeinnicht zu sehen. In der Nähe des Lungenkrautes findet man noch einzelne kleine rote Blüten der Pflanze. Das Altarbild »Die Kreuzigung Christi« des Meisters von Frankfurt zeigt auf dem rechten Flügel, vor den Knien der weiblichen Stifterfigur zwischen Gundermann, Kleeblättern und Erdbeere, das Akkergauchheilpflänzchen.

Goldlack
Cheiranthus cheiri
Abbildung siehe Seite 59

Dioskurides nennt den Goldlack nach dem griechischen Wort leukon, weiß, Leukoion, das »helle Veilchen«, und zwar das gelbe. Griechen und Römer gaben
einer Anzahl von Pflanzen mit dem angenehmen Duft
den Namen Veilchen, griechisch Ion und lateinisch
Viola, die heute zu gänzlich verschiedenen Familien gehören. Im Altertum waren auch diese »Veilchen« Altarschmuck und bei Festen zum Bekränzen der Weinge-
fäße wichtig. Plinius sagt Viola lutea zu unserer Blume.

Die Gattung Cheiranthus gehört zu den Kreuzblütlern
und ist nicht verwandt mit den Veilchengewächsen. Sie
umfaßt etwa zehn Arten. Cheiranthus cheiri ist von Linée so benannt nach der arabischen Bezeichnung der
Pflanze Rheiri, die sowohl den Artnamen als auch den
der Gattung abgibt, in Cheiranthus bereichert durch das
griechische anthos, Blume.

In den volkstümlichen Namen Gelveiel, Gelbveilchen,
Gel Violen, Gelber Veigel lebt der klassische Name fort,
gesungen in Volksliedern, denn in der einfachen Poesie
wie in der »Blumensprache« ist der Goldlack Sinnbild
des Glücks. Seine dunkle Seite zeigte er, wenn er im Garten am Haus zu üppig blühte, er brachte damit die Vorah-
nung eines nahen Todes, die sich oft erfüllt haben soll.

Als Heilpflanze galt er gegen das Fraisen, die plötzli-
chen Krämpfe bei Kindern, die Spasmophilie. Auch
mußte der Rauch des verbrannten Krautes bei schweren
Entbindungen helfen, wenn man ihn »über die Geburt
leitete«. Heute sind die Inhaltsstoffe der Pflanze zum Teil
chemisch aufgeklärt und für verschiedene Verwen-
dungszwecke isoliert.

Das weiße und das purpurne Leuconium werden seit dem 16. Jahrhundert Levkoje genannt. Nach dem italienischen Arzt und Botaniker Matthioli bekommt sie den Namen Matthiola annua, heute Cheiranthus annuus. Die Levkojen, auch gefüllte Formen, wurden schon in den ältesten Gärten Italiens und Südfrankreichs gezogen und kamen als »Welsch Veiel« nach Norden. Sie sind bis heute beliebte Zierpflanzen.

Die Nachtviole des Dioskurides, Viola matronalis, die bei Linée zu Hesperis matronalis wurde, ist die Matronenblume oder das Mutterveigele, die Winterviole und Viol maternal. Sie duftet betäubend an Zäunen und Ruinen, wo sie verwildert vorkommt. Wie Cheiranthus und Matthiola war sie offizinell in Apotheken als »Semen et Herba Hesperidis«. Sturm zählt die Pflanze als Crucifera tristis und »edle Nachtviole« unter der Nummer 100 bei seinen Cruciferen auf. Er erwähnt, daß die Franzosen die Nachtviolen, von denen er zwei Arten beschreibt, zu den Nelken zählten. Das beleuchtet das Unbestimmbare einer »unbestimmten« Pflanze Martin Caldenbachs, der ein Artefakt aus »Märgenröslein« (Marienröslein), Kornrade und zwei Nelkengewächsen (siehe dort) mit den Merkmalen einer Nachtviole gemacht hat.

Im Bild vom »Paradiesgärtlein« wachsen, oben rechts von Maria, eine weiß und eine rot blühende Pflanze derselben Art. Sie werden bei Behling als Goldlack oder Levkoje bezeichnet. Elisabeth Heinemann hat sie als Tausendgüldenkraut angesprochen. Sinngehalt und Habitus des Krautes sprechen dafür, es so anzusehen, aber die vier (statt fünf) Blütenblätter legen die Zuordnung Behlings zu den Cruciferen und damit zum Goldlack nahe. In der »Darbietung Christi im Tempel« von Martin Caldenbach findet man die Nachtviole oder Levkoje zwischen den Füßen von Maria und Simeon, bei der »Heiligen Anna Selbdritt« vom selben Maler vorne rechts.

Günsel, kriechender Günsel
Ajuga reptans

Consolida« war im mittelalterlichen Latein eine für mehrere Heilkräuter gebrauchte Bezeichnung. Das lateinische consolari bedeutet lindern, beruhigen und trösten. Der Günsel war eines dieser Kräuter und wurde Consolida media genannt, woraus das althochdeutsche »cunsele« geworden ist. Im Mittelalter hieß die Pflanze auch herba vulneratoris, also Wundkraut, und herba laurentiana.

Ajuga reptans ist, entstellt, aus dem griechischen agyos, gliederschwach, hervorgegangen, weil Ajuga-Arten gegen Gicht angewendet wurden. Vielleicht aber auch erklärt es sich aus abiga, vom lateinischen abigere, abtreiben, in seiner Verwendung im Altertum schon von Plinius als Abortivum genannt. Reptans, lateinisch kriechend.

Hildegard von Bingen hielt nicht viel von der Heilwirkung des Krauts und meint, es bereite in jedem, der es verzehrt oder in einem Trank einnimmt, üppiges Wachstum und schaffe im Menschen mehr Fäulnis als Blut. Andrerseits ist es ein altes Volksheilmittel, soll vor Sonnenaufgang bei Neumond im Mai oder Juni gesammelt besonders wirksam sein.

Im Mainzer »Gart der Gesundheit« tritt es als »wundcrut« auf und bei Brunswig als »guldingunsel«. Das aber ist die gelb blühende Art, die Leonhard Fuchs später zu der merkwürdigen Gleichsetzung mit Solidago, der Goldrute, verleitet. Über seine Kraft und Heilwirkung schreibt er: »heylet Wunden, zerstoßen und darüber gelegt, oder gedörrt und zu Pulver gestoßen, und darin gestrewet. Gulden Guntzel gesotten und getruncken zer-

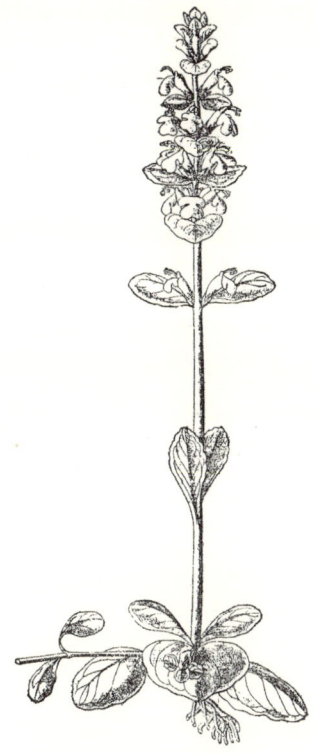

Günsel, Ajuga reptans
Familie: Labiatae (Lamiaceae)

Kriechender G., A. reptans, verkl.

teilt das gerunnen und gestockt Blut im Leib.« Zu seinen
Ausführungen bildet Fuchs unseren Günsel, nicht die
Goldrute ab. Hieronymus Bock sagt, »dies Kraut wird von
den Wundarzt hoch gehalten ... tut gute Hilfe den Ge-
schwären an heimlichen Orten, daher Ruellius schreibt,
man habe zu Frankfurt ein gemeines Sprichwort, dass
der keines Wundarztes bedörffe, welcher Gulden Gunsel
und Sanikel in seinem Hause hat«. Es galt als Wundmittel kühlend, Fisteln und Geschwüre eröffnend, säu-
bernd. Tee aus den frischen Kräutern bei Stoffwechsel-
erkrankungen, Lungenkrankheit und Ruhr war über
Jahrhunderte in Gebrauch. Noch im letzten Jahrhundert
benutzte man einen Sud zur Waschung syphilitischer
Geschwüre. »Wer Gunsel und Sanikel hat, piet Trutz
dem Wundarzt mit eim Platt.«

Die Gattung Ajuga ist, mit etwa 45 Arten, sehr verbreitet, besonders im Orient. Drei Arten, blaublühend, sind
bei uns heimisch, zwischen ihnen kommen Bastarde
vor. Ajuga gehört in die Familie der Labiaten mit zwei-
einhalbtausend Arten, viele wohlriechend und wohlbekannt, wie Lavendel, Thymian, Majoran, Melisse, Min-
zen und andere. Seit dem 16. Jahrhundert ist Günsel in
Gärten als Zierpflanze.

Seine Rolle im Aberglauben: Wenn man die Pflanze
um den Hals hängt, hilft sie gegen Mundfäule und andere Übel. Aber wenn man an ihr riecht, bekommt man
»Rossmucken« (Sommersprossen), bekommt man Na-
senbluten. Sie blüht blau, ist also eine Wetterpflanze,
und wenn man sie abreißt, gibt es ein Gewitter.

Viele Volksnamen hat sie, von der Blütenform, der
Blütenfarbe, den Eigenschaften als Heilpflanze, als
Frühlingspflanze, als »Unkraut« abgeleitet. Beispiele:
Zapfenkraut, Kirzen, Himmelkraut, Nosableita, Schlot-
feger, Kiwittsblom, Zislsauga (Honig), Hunakrut, Mul-
fülichrut, Heilwurz.

In Rogier van der Weydens »Medici-Madonna« findet sich, zu Füßen des Johannes, ein kriechender Günsel. Der Heilige steht links neben Maria mit dem Kind, auf einer Stufe, vor der die Pflanze wächst. Auf dem linken Altarflügel der »Kreuzigung Christi« des Meisters von Frankfurt gibt es einen Günsel vor dem Stein, auf dem der Stifter kniet. In der »Beweinung Christi« nach Dirk Bouts wächst die Pflanze auf dem linken Rasenstück unter den Knien Christi.

Gundermann, Gundelrebe
Glechoma hederacea
Abbildung siehe Seite 60

Nach Marzell ist in den antiken Schriften die Pflanze nicht mit Sicherheit nachgewiesen. Bei den Germanen aber soll sie eine echte Zauber- und Heilpflanze gewesen sein. Überall, wo menschliche Siedlungen waren, wuchs sie innerhalb des »Gehegs« und war im Verein mit den guten Hausgeistern. Spätere Namen, wie Gutermann, Gutelse, können sich davon herleiten.

Glechoma wird auch als Ableitung von glechon, dem antiken Namen der Poleiminze, aufgefaßt, mit der die Pflanze eine gewisse, jedenfalls die Familienähnlichkeit der Labiaten hat. Ihre Blätter gleichen etwas dem Efeu, hedera, daher wird sie auch Hedera terrestris, Erdefeu, genannt. Das althochdeutsche gundereba, möglicherweise vom gotischen gund, Eiter, Geschwür, könnte ein Zeichen sein für ihre frühe Verwendung als Heilpflanze. Aus der ebenfalls althochdeutschen Nebenform Gundram kann Gundermann entstanden sein. Wo die Namen Gundelrebe und Gundermann nicht mehr verstanden wurden, bildete der Volksmund solche mit Anlehnungen an Grund, Bund, Kummer und ähnlich klingende Be-

griffe. Es gibt Bundrebli, Grundrebe, Gondling, Gunder-
lunze, Buldermann, Kummerradl, aber auch Heilreif
und Heilrauf, Kräutel durch den Zaun und, nach dem
Erdefeu, hedera terrestris, Huderk und Hederich. Sturm
sagt Nepeta hederacea, sie blüht blau, seltener hellrot
und weiß.

Mit anderen Frühlingspflanzen zusammen gehört
Gundermann zu den guten Pflanzengeistern, die, in der
Nacht zum Ersten Mai gepflückt, gegen Viehzauber wirken, auch angezauberte Krankheiten verhindern und
Verzaubern und Behexen unmöglich machen, das Erkennen von Hexen jedoch ermöglichen. Die robuste,
überall wuchernde Pflanze wurde selten angebaut, immer aber gesammelt. Für ihre Verwendung zu Sympa-
thiekuren gibt es Belege vom 12. bis ins 20. Jahrhundert.
Sie wurde wegen ihrer blauen Blüten mit dem Donner
und damit dem Gott Thor verbunden, ihr alter Name war
Donnerrebe. Als Frauenpflanze war sie berühmt, för-
derte die Menstruation, selbst wenn ein Blatt nur in Händen oder gar im Schuh getragen wurde. Die Frau, die
Milch und die Kuh benötigten, leider, besonderen abergläubischen Schutz. »Kuh, da geb ich dir Gundelreben –
daß du die Milch wollst wieder geben.«

Die heute gut untersuchten und dargestellten Inhaltsstoffe machten die Heilpflanze wirksam als Stimulans,
Tonicum, Diurethicum, gegen Nieren- und Blasensteine, Gelbsucht, Fieber, Seitenstechen, Brust- und
Lungenleiden, Ruhr, Skrofulose, Ohrenleiden, Spulwür-
mer (besonders bei Pferden), als Wundheilmittel, und
gegen Hautmilben und Mundfäule. Sie gab vorzügliche
Suppen oder Gemüse im Frühjahr, hieß Soldatenpetersi-
lie als Suppenwürze und wurde wie Waldmeister zum
Maitrank angesetzt. Ihre Blätter gehörten zu den sieben
Kräutern, aus denen das »Gründonnerstagsgemüse« bereitet wurde, und in manchen Gegenden wurde sie in

Eierkuchen eingebacken. Davon berichtet schon Hildegard von Bingen. Brunfels bezeichnet sie als Mittel gegen »pestilenzisch vergyfft«.

Zahlreiche »Segen« waren im Volk gebräuchlich, die aber durchaus heidnischen Aberglauben im christlichen Gewand zum Inhalt hatten. Eine Handvoll Gundelreben werden vor Sonnenaufgang gebrochen, dann hochgeworfen und dazu gesprochen: »Ich werff dich auf die Wolckhen, daß mir unser lieber Herr Jesus Christ, wiedergeb mein Kees und mein Molckhen. Im Namen des Vaters usw.«. Trotz dieser Abwege gerät das Kräutlein im rechten Sinne auf die frommen Bilder.

In der »Kreuzigung Christi« des Meisters von Frankfurt findet man den Gundermann als Heilssymbol auf der mittleren Tafel, blau blühend, neben dem Totenschädel. Auf dem rechten Flügel wächst er rankend, am linken Bildrand, mit schematisierten roten Blütchen über dem Gauchheil.

Hahnenfuß
Ranunculus bulbosus, Knolliger Hahnenfuß
Ranunculus acris, Scharfer Hahnenfuß
Abbildung siehe Seite 61

W ie andere gelbblühende Pflanzen wird der Hahnenfuß auch Butterblume genannt. Dazu gehören die Sumpfdotterblume, die Trollblume, das Scharbockskraut, der Löwenzahn und einige Fingerkräuter, ja sogar die Ringelblume heißt in einigen Gegenden Butterblume.

Der lateinische Name ranunculus bedeutet Fröschchen, die Verkleinerung von rana, der Frosch. Die Gattung gehört zur Familie der Ranales, zu denen auch viele Holzgewächse zählen, zum Beispiel die Magnolien. Die weißblühende Wasserranunkel, Batrachium, vom griechischen batrachion, der Frosch, macht erst verständlich, woher der merkwürdige Name kommt, nämlich aus dem nassen Biotop. Allerdings gibt es auch andere alte Namen wie gallipes, galli crus, hanenfuz, hanenwurtz, hannsporen, rabefueß, die man sofort versteht, wenn man die Blätter der Pflanze anschaut.

»Das Labyrinth in Aegypten, Creta und Lemno ist nit so irrig gesein, als eben der Hahnfuß bei den Gelehrten.« Ein Seufzer von Brunfels vor 370 Jahren. In Hegis »Flora« werden vierhundert bis achthundert Arten angegeben. Wie soll man das auffassen? Sturm zählt 32 einheimische auf, sieben davon leben im Wasser. Sie unterscheiden sich oft nur durch geringfügige Abweichung in den Merkmalen.

Viele Arten sind mehr oder weniger giftig, so Ranunculus acer oder acris, der scharfe, Ranunculus sceleratus, der Gifthahnenfuß, das Brennkraut und andere. »Alle Hanenfüß mit gälen und weißen Blumen, gefüllt und ungefüllt, brennen übel, ziehen Blasen, so diese Kräuter grün zerstoßen und auf blosse Haut gelegt werden. Darumb mag man alle Geschwär und Klötz damit auffetzen. Warzen und andere ungeschickte Gewächs mit dem Saft bestrichen, verzehret dieselbigen ohn Schneiden und Brennen«, schreibt Hieronymus Bock. Wurzeln vom scharfen Hahnenfuß werden auf den kleinen Finger gebunden, das treibt das Zahnweh aus, nach den Regeln der sympathischen Medizin. Diesen entsprechend werden auch erfrorene Hände mit Erfolg in einem Sud gebadet. Die toxischen Stoffe sind heute isoliert und ihre Wirkung ist untersucht. Beim Vieh führt Hahnenfuß zu Blutharnen, Durchfall und sogar zu Fehlgeburten, deshalb wird eine frische Wiese mit Hahnenfuß geschnitten und nur das Heu verfüttert. Trotz der schlechten Erfahrungen mit dem Kraut, wurde es in manchen Gegenden für ein gutes Viehfutter gehalten. Die gelbe Farbe versprach fette Milch und gute Butter, die Pflanze war die Butterblume.

Von den Volksnamen einige: Hohnefuss, Hamfortsblume, Hahnenpfot, Hahnentritt, Gickelhaxen, Giggerigi, Krachstelze, Kranhaxen, Butternäppel, Ankemaie (Maibutter), Schmalzblum, Goldschüssele, Gaggele (Ei), Wetz, Zenger, Teufelskraut, Hungerblume, Zahnwurzen, Bettseicherle.

Hahnenfußkränzchen wurden am Fronleichnamstag vor die Fenster gehängt, wenn die Prozession vorbeizog, damit man den »Wettersegen« hatte. Zu Himmelfahrt trug man die Kränze im Haar.

Ranunculus bulbosus, der knollige Hahnenfuß, das lateinische bulbosus, knollig, bezieht sich auf die Wurzel, und Ranunculus acer, der scharfe Hahnenfuß, sind unsere verbreitetsten Arten. Ranunculus ficaria, das Scharbockskraut, ist sehr früh in der nordeuropäischen Kunst dargestellt, nicht jedoch auf Bildern im Städel.

Wegen seiner giftigen Eigenschaften ist der Hahnenfuß eine Pflanze mit schlechter Vorbedeutung. Sie wird auch in der christlichen Kunst zum Symbol des Todes. Als solche kann sie auf unseren Bildern erscheinen.

Wir finden Hahnenfuß in der Wiese, auf der die »Heilige Veronica« des Meisters von Flemalle steht, links über den Maiglöckchen vor dem Mantel der Heiligen. Rogier van der Weyden hat Ranunculus dargestellt in der »Medici-Madonna«, an der Stufe, auf der Cosmas, ein Heiliger der Ärzte, steht; auch im linken Flügel seines »Johannesalters«, rechts vor der Säule blüht Hahnenfuß. In der »Taufe Christi« von Hans Baldung gen. Grien wächst Ranunculus links, am Bildrand unter dem roten Mantel Christi. Die »Heimsuchung Mariae« des Meisters von Pfullendorf zeigt eine weißblühende Pflanze, die der Maler möglicherweise als Sumpfhahnenfuß aufgefaßt hat. In der »Geburt Christi« desselben Meisters sieht man, außer einer sehr »naturgetreuen« Wegwarte, eine Pflanze mit gelber Blüte, nicht ganz unähnlich einer Butterblume, deren Blätter allerdings ganz aus der Art fallen. Das »Weibliche Brustbild« des Bartolomeo da Venezia, mit dem Sträußchen in der Hand der schönen Frau, hat Huysmans gedeutet. Er sieht die gelbe Blüte als Anemone an, man sollte sie aber, gerade wegen ihrer Bedeutung, für eine Hahnenfußblüte halten.

Immergrün
Vinca minor

Ohne Abbildung in »Sturms Flora«

Immergrün oder Singrün kommt aus dem althochdeutschen singruone. Das Wort sin hat die Bedeutung von groß, dauernd, allgemein, immer. Es steckt auch in der Sintflut, die mittelhochdeutsch sinvluot hieß, die große, allgemeine Flut, die im Volk alsbald auch Sündflut genannt wurde, weil sie ja zur Bestrafung der Sünden über die Menschen gekommen war. Von dieser Bedeutung ist die Pflanze aber weitgehend frei. Sie ist vielmehr das auch im Winter, also immer, grüne Kraut. Als der alte Name Singrün nicht mehr verständlich war, nannte man sie auch Sinngrün. Das lateinische vinca kommt von vincire, binden, umwinden, auch schnüren, fesseln und danach verpflichten, bannen und bezaubern. So wird das Singrün mit dem Sinn der immergrünen, immerwährenden Liebe versehen.

Seit dem Mittelalter wird die Pflanze kultiviert, in Gärten und auf Friedhöfen, ist ausgewildert an Burgruinen und ähnlichen Standorten zu finden. In Süd- und Mitteleuropa gibt es fünf Arten. Vinca minor, das gemeine Immergrün (minor, klein) kommt, selten, wild vor. Plinius kannte vinca pervinca, in England ist der Name Periwinkel geblieben. Auch bei uns gibt es alte Namen wie Berwinkel, Perwinkelken, Brunwinkel und Berfang.

Im »Gart der Gesundheit« kann man lesen: »Berwunca, syngrun ... welcher diß krut by yme draget uber dem hait der tüfel kein gewalt. Uber welcher hußdore diß krut hanget das inne mag keyn zauberey kommen ... Mit dissem krut beweret man in welchem menschen bose geyst synt ... Und viel besser ist es so es gewyhet wurde mit anderen krutern uff unser frawen dag.«

Bei Bock heißt es: »Ingrün, Peruinca und Clematis Dioscoridis, ohn angesehn, da es allein in Egyptien soll wachsen.« Aber dann, an anderer Stelle: »Das Kraut findet man im Winter grün, mag allerhand Frost und Wetter dulden (das mir ein Wunder ist), so hab ich ein todten Kopf ausgraben Anno 1535, der war mit diesem Kraut gekrönt, und das Kraut war aller Ding unversehrt auf dem Kopf blieben, daher es wohl Todten Kraut und Todten Violen mag heißen, wie es denn etlich nennen und die Abgestorbenen damit krönen.«

Ein Erinnerungs- und ein Zauberkraut. Am 24. Februar, in der Mathiasnacht, wird ein Immergrünkranz in fließendes Wasser geworfen und von einem Mädchen schweigend ergriffen, damit wird er zum Brautkranz. Wenn man es unwissend in einer Mahlzeit ißt, erweckt es Haß, bevorzugt zwischen Ehepartnern. Ein geweihtes Immergrün, das tagelang unter dem Meßbuch gelegen hat, macht Hexen sichtbar. Man nagelt es an die Tür, und wenn eine Hexe hindurchgeht, sieht man sie mit umgekehrtem Kopf, als »Kehrhexe«. Mit den Blättern der Pflanze kann man Orakel anrufen. Schulkinder bekommen am ersten Schultag eine Wurzel in einem Säckchen umgehängt, damit sie gut lernen. Sie sollen ein gutes Gedächtnis bekommen, von dieser »Pflanze der Erinnerung«.

Das bittere Kraut wirkt diuretisch und blutreinigend. Rotwein wurde geklärt mit der Pflanze, und in schlechten Zeiten wurde sie als Teesurrogat verwendet. Schroeder gibt ihre Heilkraft an als kühlend, trocknend und als vortreffliche Wundarzenei. Immergrünsud soll die Milch wiederbringen und angezauberte Krankheiten bannen, wenn man sich damit wäscht. Aigremont meint, daß die abgekochten Blätter als Abtreibmittel taugen und die Pflanze den Namen Mägdekraut habe.

Das Immergrün ist, mit seiner blauen Blüte und seinen nicht welkenden Blättern, das Symbol der Treue, Freundschaft und Beständigkeit geworden. Es bedeutet süße Erinnerung und wird Christi und des Himmels Blume. Engel tragen den Immergrünkranz, so wie dieser auch Brautkranz oder Jungfernkranz sein kann. Die Jungfrau Maria trägt ihn, reine Himmelskönigin, als Krone.

Im »Paradiesgärtlein« blüht die Pflanze dort, wo der kleine Drache auf dem Rücken liegt. Auf der »Kreuzigung Christi« des Meisters von Frankfurt ist Immergrün im linken Flügel ganz am linken Bildrand als oberste der Pflanzen zu finden.

Klee

Trifolium pratense

Melilotus officinalis

Medicago species

Abbildung siehe Seite 62

D as althochdeutsche kle, chlev, ist der alte nordische Name der Pflanze. Dieselbe sprachliche Wurzel haben auch die Worte Kleven, die Lilie der französischen Könige, und Klaue, das gespaltene Horn um die Zehen der Widerkäuer. Der rotblühende Wiesenklee, Trifolium pratense, ist die bekannteste Art der drei großen Kleegattungen Trifolium, Melilotus und Medicago.

Da ist zunächst die Dreiblättrigkeit, die Trifolium den Namen gibt, tri vom lateinischen tres, drei, und folium, das Blatt. Der alte griechische Name ist triphyllon, er meint ebenfalls das Dreiblatt.

Im Altertum gab es aber auch den von Homer besungenen Honigklee, Melilotos nach lotein, blühen, und meli, Honig, benannt. Diese »Honigblüte« war gleich der Hyazinthe dem Apollon sowie auch den Musen geweiht und wuchs auf den Wiesen des Helikon. Sie war das Symbol der Schönheit und der schönen Rede, sie zierte die schönsten griechischen Frauen; für Helena flochten junge Spartanerinnen einen Kranz aus solchen »Lotosblüten«.

Die Medicago-Arten, der Schneckenklee und die Luzernen, haben den Namen nach der alten Bezeichnung medike für Luzerne, weil diese aus dem vorderasiatischen Medien stammen sollte.

Trifolium, die erste Gattung, hat etwa 300 Arten. Spricht man vom Klee, ist der gemeint: trifolium pratense, von prata, die Wiese, und dazu purpureum, der rote, früher braun genannte, Wiesenklee. Er ist der »kle« der Heiligen Hildegard und die »binsuge«, der Bienensaug, in Glossaren. Der »Groß und braun Klee« bei Hieronymus Bock und der »Braun Wysenklee« bei Fuchs ist sowohl Futter- wie Heilpflanze. Er galt diesem »weniger als köstliche Nahrung, denn als stattliche Artzeney« für Vieh und Menschen. »Reiniget und versüsset das scharffe, versaltzene saure Geblüt, eröffnet die innerliche Verstopfungen der Leber, Nieren, Milz und Krössadern, macht leichten Athem, ein fröhliches Gemüth und guten Esslust, mehret den Säugenden Milch, vertreibt den Scharbock und heilet Wunden und Schäden«. »Von allerley Klee«, spricht Brunfels, »ein köstlich Mattenkraut, daran man mage wahrnehmen des künfftigen Wetters. Dann wann ein Ungewitter will kommen, so streubet und stärket es sich dawider. Ist auch erfahren, dass der weiß Klee überschüßlich blühet, des selbigen Jahrs künftig große Wasser kummen. Sophokles haltet, es sei vergifft. Kein Schlangen findet man nimmermehr darinnen.«

Melilotus officinalis ist eine von zwanzig Arten der zweiten Gattung. Von ihr heißt es im Mainzer »Hortus sanitatis«, er sei gut für die Därme und deren Gegicht. Gulden Klee, großer Steinklee, Honigklee, Mottenklee, Schabenkraut, Hirschklee und Herzklee sind Namen. Heilsam ist Melilotus officinalis durch seinen Kumaringehalt (am bekanntesten dieser in Waldmeister), dessen Kräfte schon Hippokrates und Theophrast geläufig waren. »Herba meliloti citrini« auch Zusatz zu Kräuterkäse, Schnupftabak und ein Mottenmittel. Er ist auch das Bienenfutter, das der rote Klee nicht sein kann, wegen dessen langer Blütenröhre, für die der Rüssel der Honigbiene zu kurz und die nur für Hummelarten mit langem Rüssel zugänglich ist. Warum war der rote »binsuge« in den Glossaren?

Die dritte Klee-Gattung, Medicago, mit fünfzig Arten, soll während der Perserkriege aus Medien nach Griechenland gekommen sein. Der Schneckenklee, Medicago orbicularis, der Hopfenschneckenklee, Medicago lupulina, und die Luzernen, ewiger Klee genannt, gehören dazu. Sie enthalten nur wenige aromatische Stoffe und sind Futterpflanzen. Vor der Verwendung von Kunstdünger wurden Luzerne und Wiesenklee nicht nur als Futterpflanzen angebaut, der Anbau spielte auch eine Rolle für die Bodenverbesserung. Wie alle Schmetterlingsblütler waren sie, durch Stickstoffbindung an ihre Wurzelknöllchen, ein wichtiger Faktor in der jahrhundertalten Dreifelderwirtschaft.

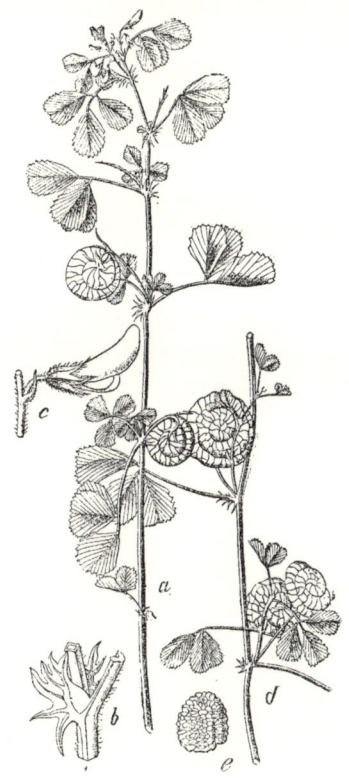

Schneckenklee
Medicago orbicularis
Familie: Papilionaceae (Fabaceae)

a) Zweig; b) Nebenblatt, vergr.; c) Blüte, vergr.;
d) Stengelstück mit Früchten; e) Same vergr.

Der Klee als Glückssymbol. Bei Plinius galt der sechs-
blättrige, aber auch der vierblättrige Klee als »mira-
culum naturae«. In heidnischen Zeiten ist er, aber auch
der dreiblättrige, ein Abwehrzaubermittel und erscheint
als uraltes Ornament, vielleicht schon in diesem Sinn,
vor allem im Norden. Vieles, was unsere Vorfahren mit
ihm getrieben haben, unterlassen wir heute, aber immer
noch müssen wir das Blatt finden, nicht suchen: am
Sankt Georgstag oder in der Johannisnacht. Dann mußte
man es essen, das Vierblättrige, mußte es in den Schuh
der Geliebten legen, damit sie Ihm folge, mußte es in
Kleider nähen, unter die Kopfkissen legen, heimlich in
die Taschen anderer, begehrenswerter Personen stek-
ken. Mit der bloßen Hand sollte man es nicht abreißen,
unter das Altartuch sollte man es, ohne daß es der Priester bemerkte, legen. Überhaupt nicht pflücken! Denn
»Selig das Auge, das es sieht, verflucht die Hand, die es
bricht!« Hat man es, kann man Hexen erkennen, wird
hellsichtig und geschützt vor Verblendung. Das alles von
Christen durchaus in unchristlichem Aberglauben praktiziert. Zwar sahen sie im Vierblättrigen wohl das Symbol
des Kreuzes, haben es aber auf ihre Weise verweltlicht,
und ihren Spielkarten setzten sie sogar das Dreiblättrige
als »Kreuz« ein.

Die frühen Christen aber sahen in den drei herzförmi-
gen Kleeblättern die Dreifaltigkeit. Das Emblem Irlands,
das Kleeblatt oder der »Shamrock«, ist zu Ehren des Heiligen Patrick, des Schutzheiligen der Iren, zum National-
symbol geworden. Patrick wurde im 5. Jahrhundert vom
Papst zur Christianisierung Irlands dorthin gesandt. Er
erklärte dem irischen Volk am Beispiel des irischen
Kleeblattes die Dreifaltigkeit. Weil man die Pflanze gegen Schlangenbisse brauchte, wurde sie auch zum Symbol der Errettung. Die Schlange die Sünde, der Klee die
Erlösung.

»Unser frawen kle« heißt der Honigklee, eine Marienpflanze.

Im »Paradiesgärtlein« blüht roter Klee neben dem
Korb mit Kirschen. »Maria lactans« des Meisters von Flemalle hat einen rotblühenden Klee links vor ihrem weißen Mantelsaum. Klee gibt es zu Füßen des Petrus in der
Darstellung der »Medici-Madonna« des Rogier van der
Weyden. In der »Ruhe auf dem Kreuz, Kreuzannagelung
und Kreuzaufrichtung Christi« eines süddeutschen Meisters sind Kleeblätter verstreut im Rasenstück unter dem
rechten Kreuz. Auf der Tafel der Kreuztragung in der
»Passion Christi« von Holbein d. Ä. ist ein Schneckenklee
vor Christi Mantelsaum. Kleeblätter kommen auch hier
und auf der Auferstehungstafel vor. Ebenso finden sie
sich auf allen drei Tafeln des Altars mit der »Kreuzigung
Christi« des Meisters von Frankfurt.

Knöterich
Polygonum bistorta, Wiesenknöterich,
Natterwurz, Polygonum persicaria,
Pfirsichblättriger Knöterich, Flöhkraut

Abbildung siehe Seite 63

Eine knotenähnliche Verdickung des Stengels, da wo
die Blätter ansetzen, ist das bezeichnende Merkmal
der Pflanze. Dioskurides nennt sie deshalb Polygonon,
gebildet aus poly, viel, und gony, Knie: das Gewächs mit
den vielen Knien. Das lateinische Centumnodia ist sein
Name in der Renaissancezeit, es bedeutet hundert Knoten, centum, hundert, und nodus, Knoten, also ein Knöterich.

Die Gattung Polygonum wird in Engler-Prantels
»Pflanzenfamilien« zu Anfang unseres Jahrhunderts mit
150 Arten angegeben, in Hegis »Flora« wird die doppelte

Zahl geschätzt. Viele Arten sind Kosmopoliten, vor allem durch den Menschen weit verbreitet. Ostasien ist das wichtigste ursprüngliche Entwicklungszentrum mehrerer davon. Sturm beschreibt 19 Arten, zu denen auch der Buchweizen gehört.

Polygonum bistorta, der Wiesenknöterich oder die Natterwurz, hat einen gekrümmten Wurzelstock. Bis – torta, doppelt gedreht, gleicht er der Schlange. Er wurde als Surrogat für Arum dracunculus, den Aronstab, verwendet, unter dem Namen Serpentaria und Dracontea, die Drachenwurz. Sorgen hatten die »Väter der Botanik« mit der Pflanze, da sie schon bei Plinius und Galen gelesen haben, sie sei Aron ähnlich. Doch dann hat Brunfels plötzlich ein Exemplar und berichtet: »Nun ist uns aber zuhanden gestanden die recht Natterwurz aus Brabant, durch einen guten Freund gen Frankfurt persönlich geliefert, durch Herrn Schotten, dieses Werks Trucker. Dazu hab ich solichs in einem alten geschriebenen Dioscoride dermaß gefunden abkonterfeyt. Naterwurz wird in Latein und Krychisch genannt Draconitum, Serpentaria, Viperina, auf teutsch Schlangenkraut. Welches Namens es überkommen zum Theil von den Stengel und Blättern, zum Theil von der Wurzel, oder darumb, als etlich meinen, daß sie für Schlangengift in sonderheit gut ist.« Arum und Polygonum sind in Brunfels Abbildungen tatsächlich sehr ähnlich. Sofort verbindet sich mit dem Bild von Polygonum auch Äsculaps Stab mit der Schlange, Zeichen für Apotheke und Medizin.

Radix bistortae, die Wurzel, wurde als Adstringens gebraucht. Die Gerbsäure, die sie enthält, stillt Blut, auch das aus der Nase, beendet Brechdurchfall und heilt Ohrenleiden. Bereits Plinius hat solche Wirkungen festgestellt, nennt die Pflanze sanguaria, Blutkraut, und gibt an, man könne sich bei Kopfschmerz eine Krone davon aufsetzen, oder gegen Tränenfluß einen Kranz um den Hals hängen. Am besten wirke das Kraut, wenn man es mit der linken Hand ausziehe, vor allem gegen dreitägiges Fieber.

Die Pflanze wurde in Deutschland früher für die Gewinnung des Wurzelstocks zur Droge angebaut. Sie kam immer wild vor auf feuchten Wiesen. Nach ihrer Blattform hat sie die Volksnamen Otterzunge, Lämmerzunge, Hirschzunge. Nach den Blütenähren heißt sie Lämmerschwanz, Katzenschwänzchen, Fuchsschwanz, Nudle, Würstle, Zahnbürstel, Lampezylinderputzer und nach dem gekrümmten Wurzelstock auch Otterwurz.

Große Schwierigkeiten gibt es, die alten Beziehungen zwischen dem Drachenkraut, Aron dracunculus, und der Natterwurz, Polygonum bistorta, zu deuten. Aron, die starke Heil- und Zauberpflanze, und das eher harmlose Polygonum, das diese oft vertritt.

Das Flöhkraut oder der pfirsichblättrige Knöterich, Polygonum persicaria, wird von Fuchs so beschrieben: »Flöhkraut würt zu unseren Zeiten in lateinischer Sprach Persicaria, das ist Pfersichkraut genent, derhalben das sein bleter dem Pfirsichbaum laub gleich ist. Wie es aber bey den alten geheyßen sey, und ob es denselbigen bekant gewesen oder nit, kan ich noch nit wissen. – Flöhkraut ist ein wundtkraut, darumb mag man die bleter grün zerstossen, und über die frischen wunden legen oder den safft drauß trucken und in die wunden thun. Dergleichen thut es auch gedörrt zu pulver gestoßen und in die wunden, auch in die fistel gestrewet. Es ist auch gut zu stellen allerley bauchflüß, die roten rhur, und ander gebrechen die fühlens und trücknens bedörffen.«

Auch Hildegard von Bingen hatte das Kraut benutzt und ihm den Namen rassela gegeben. Synonyme aus alten Quellen sind: herba st. Mariae oder herba santae mariae minor, plumbago, rotich, rudick und phohenkrut.

Paracelsus hat an dem Kraut seine Signaturenlehre erklärt. Er spricht von der »tugent« eines Gewächses, die
man daran erkennt, daß das Gewächs als Zeichen das
enthält, wofür es gut ist. Im »Wasserblut«, wie er Persicaria nennt, seien »rot blutstropfen«, ein Zeichen dafür,
daß es »durch anziehen alle wunden, offen scheden, löcher und dergleichen heilet«. Das Kraut mit seinem
schwarzroten Fleck in der Mitte des Blattes, wie ein Huf-
eisen geformt, der entstand, weil Maria sich in den Finger schnitt, ist für alle blutigen Wunden hauptsächliches
Heilmittel. Die mit kleinen Punkten gesprenkelten Blätter, die Flohstichen gleichen, verstreut man in die Zim-
mer und Kammern, kehrt sie mit dem Besen aus und ist
alle Flöhe los. Das ist die ganz profane Seite. Die fromme
Sage dagegen sieht die dunklen Flecken der Blätter als
Blut Christi, das auf die Pflanze tropfte, als sie unter seinem Kreuz wuchs. Brunfels sah in ihnen ein »groß Wun-
derzeychen, welches mich meer verwundert, dann alle
andern Mirakel der Kreutter«.

Volksnamen vom pfirsichblättrigen Knöterich sind
Weidengras, Wilde Weide, rote Weide, Bitterkraut und
Bitterling. Die letzten meinen die Bitternis durchaus in
übertragenem Sinn.

Polygonum persicaria oder bistorta findet man in Rogier van der Weydens »Medici-Madonna« an der rechten
Ecke der Stufe, zu Füßen des Ärzteheiligen Cosmas mit
dem Uringlas. In der »Passion Christi« von Holbein d. Ä.
auf der Tafel mit Judas' Kuß, steht in der Ecke rechts unten eine große Pflanze mit langem Blütenkoben, eine
»Natterwurz«, eine »Schlangenwurz«. In dem Gewächs
sind Merkmale von Aron und Polygonum vereint zu einer Bedrohung, die eine bescheidene Salbeipflanze dahinter kaum einschränken kann.

Königskerze
Verbascum species
Abbildung siehe Seite 64

Schon bei Homer gab es ein Kraut, das er moly nannte und das Merkur erhielt, um den Zauberkünsten der Circe nicht zu erliegen. Das soll die Königskerze gewesen sein.

Bei Plinius heißt die Pflanze verbascum oder verbasculum. Steckt im Namen das lateinische ver, der Frühling, basilicus, königlich, oder basio, ich küsse? Keiner schreibt etwas davon.

Die Pflanze ist zweijährig, im ersten Jahr treibt sie eine Blattrosette, erst im zweiten Jahr blüht die stattliche Kerze auf, trägt Samen und stirbt ab. Von den 240 Arten, deren größte Zahl im östlichen Mittelmeergebiet und Nordasien vorkommt, sind nach Sturm 14 in Deutschland heimisch. Die häufigsten und wichtigsten bei uns sind Verbascum thapsus und thapsiforme, die kleinblumige und die großblumige Königskerze oder Wollblume, dazu Verbascum phlomoides.

Von Dioskurides wurde die Wurzel als Mittel gegen Durchfall, Krämpfe, Quetschungen und Zahnschmerzen empfohlen. Die Blätter sind heilsam bei Ödemen, entzündeten Augen, Geschwüren und Brand. Man könne aus dem Kraut auch Lampendochte machen. Phlogmos, der Brand? »So mans mit hartz oder bech überstreicht, brennet es wie eine kertz«, sagt Brunfels von seiner Königskertz.

Mit Salbei und Bilsenkraut zusammen gehört die Pflanze zu den drei hochgeschätzten Heilkräutern, denen man eigene Zauberkraft nachsagte, so dem Bilsenkraut einschläfernde Kraft, dem Salbei die Kraft, die unsterblich macht, und der Königskerze die Kraft, böse

Geister abzuwenden. Eine alte Kultpflanze, wichtig im germanischen Sonnwendkult. Später wird sie Attribut Johannis des Täufers, wird in der Johannisnacht ins Feuer gehalten und dann an Haus- und Stalltür aufgehängt.

Hildegard von Bingen kannte das Kraut, das sie nach seinen wolligen Blättern vullena hieß. Sie gab ihm auch den Namen blandonia und schreibt:»Wer ein schwaches und trauriges Herz hat, soll die Pflanze zusammen mit Fleisch, Fisch und Kucheln kochen und essen, dann wird sein Herz wieder freudig«. Die Königskerze, auch himmelsprant, wullkraut und unhuldenkerz genannt, der letzte Name signalisiert ihre apotropäischen Eigenschaften. Während man das Kraut zerreibt, murmelt man Beschwörungen:»summum caelum, ima terra, medium medicamentum – zuoberst der Himmel, unten die Erde, in der Mitte das Heilmittel«. Trägt man einen Blütenstengel in der Hand, wird man von keiner Furcht erschreckt, nichts Böses kann einem begegnen. Man siedet Blätter und Blüte mit Kreide, in Wasser von der Schmiede, in dem glühendes Eisen gelöscht wurde, badet darin die Füße, verscharrt das Kraut in der Erde und ist geheilt von Podagra, wenn alles verfault. Noch immer soll die Königskerze Mäuse und Ratten vertreiben, eine letzte Erinnerung an ihre antidämonische Kraft.

In Bayern heilt man mit dem »Himmelsbrand« durch Kreuzschlagen über dem kranken Körperteil das Leiden, indem man dazu deklamiert:»Unsere liebe Frau geht über Land, sie trägt den Himmelbrand in ihrer Hand.«

Wetterkerze und Donnerkerze heißt die Pflanze, weil sie Gewitter übers Haus bringt und den Blitz einschlagen läßt, wenn man sie hineinträgt. Auf Gräbern aufblühende Königskerzen bitten um eine Wallfahrt für die im Fegefeuer schmachtenden Verstorbenen.

Die Königskerze ist die höchste, in die Mitte gesteckte Pflanze im Kräuterbündel, das zu Mariä Himmelfahrt in den Kirchen geweiht wird und das Haus und Hof für ein Jahr vor Unheil bewahrt.

Das »Martyrium der Heiligen« von Stephan Lochner zeigt ein nicht sehr schönes Exemplar der blühenden Königskerze, in der Darstellung des Simon mit Judas, links am Bildrand. In der »Beweinung Christi« nach Dirk Bouts gibt es rechts unten, neben der großen Benediktenwurz, eine Blattrosette der Königskerze. Der Meister der Heiligblut-Kapelle hat in dem Bild »Die Heilige Sippe« zwischen dem Erdbeeren essenden heiligen Kind und dem Engel auf der linken Seite Blätter von Verbascum gemalt.

Kornblume
Centaurea cyanus
Abbildung siehe Seite 65

Ihren Namen Centaurea bekam sie von dem Centauren Chiron. Er war von einem in Hydras Blut getauchten Pfeil vergiftet, legte Kornblumen auf die Wunde und genas. Also war die Kornblume gut gegen jedes Schlangengift, ja sie wurde geradezu als Feind der Schlangen angesehen, sie schien sie aus den Kornfeldern fern zu halten. Bei den Christen, als die Schlange das Symbol des Versuchers wurde, kam die Kornblume an die Seite Christi, den Überwinder des Bösen. Sie hat eine doppelte Bindung an Christus, denn auch Korn ist ein Symbol Christi. Die Blume im Korn ist also eines seiner Attribute.

Kentaurion wurde die Pflanze von Hippokrates genannt, dem Chiron als Heilkundiger galt. Im Altertum war sie als Cyanus wohlbekannt. Aus dem griechischen kyanos, schwarz oder dunkelblau, das eine abgründige Seite hat, ist der Name der schönen Blüte ohne böse Bedeutung geworden.

Die Gattung Centaurea hat über vierhundert Arten, verbreitet sind bei uns verschiedene Flockenblumen, zum Beispiel Centaurea montana. Die Kornblume, Centaurea cyanus, stammt ursprünglich aus dem östlichen Mittelmeergebiet. In Mitteleuropa kommt sie nur als Kulturbegleiter, allerdings als ein sehr alter, vor. In Pfahlbausiedlungen fand man Reste ihrer Samen. Zusammen mit dem Getreide reifen diese, so wurde sie alljährlich mit dem Getreide ausgesät und geerntet. Heute, nachdem sie aus den Feldern vertrieben ist, versucht man, sie hier und dort wieder am Feldrain anzusiedeln.

»Zam und wild Kornblumen seind den jungen Kindern gewachsen, denn damit haben sie Kurtzweil, und mögen auch zu der Atzung aufgehoben werden. Sollen kühler Natur sein«, schreibt Hieronymus Bock. Ihre Blumen und Samen in Wein gesotten, meint er, seien gut, gegen Spinnen – und Skorpiongift. Das »Gift« in Magen und Galle, die Wassersucht und böse Schaden weichen. Äußerlich hilft es gegen rote Augen, faule Wunden, Entzündungen und »Triefen«.

Roggenblume, Dolle Hund! Schannelke und Ziegenbein (von Cyanus?). Kornbeißer, Kreuzblume, Herrgottsblüemli. Und Kaiserblume: Sie war die Lieblingsblume Kaiser Wilhelms II. Preußischblau? Jedenfalls wurde sie zu seiner Zeit Modeblume. Die Zyane. Sie gibt ihren Namen auch dem Farbstoff Anthozyan, von dem in der Beschreibung des Boretsch die Rede war.

Ob man die blaue Blume mit dem venösen Blut in Verbindung brachte und die sympathische Wirkung des Krauts daher ableitete, ist fraglich. In der »Gestriegelten Roggenphilosophie«, einer alten Aberglaubensamm-

lung, heißt es: »Am Fronleichnamstag eine blaue Kornblume mit der Wurtzel ausgeraufft stillt das Nasenblu-
ten, wenn man sie in der Hand hält bis sie erwarmet.«
Mädchen schauen durch einen Kornblumenkranz ins
Johannisfeuer und sagen: »guck guck stärk mir meine
Augen«. Als Heilmittel wird die Pflanze im »Gart der Gesundheit« empfohlen: Flores frumentorum.

Als Orakelpflanze kann die Kornblume mit den Korn-
dämonen, die als Fruchtbarkeitsgeister auf den Feldern
hausen, im Bunde sein. Das Auswachsen der »Samen-
kapseln«, die eine ledige Person am Busen trägt, zeigt
lange oder kurze Liebe des Geliebten an. Aber auch
Feinde kann man überwinden, wenn man in der Johannisnacht aufs Feld geht und spricht: »Ab. Mab. Bab«.

»God gruet di bloem, die staet in't koern, blau van ver-
wen...«, heißt es in einem Segen aus dem 14. Jahrhundert. Und so steht das Blau für den Himmel, für die Himmelfahrt, die Fleischwerdung Christi und die Krönung
der Heiligen Jungfrau im Himmel, bei der die Engel
Kornblumenkränze tragen.

Auf den beiden Bildern Martin Caldenbachs liegen
zwei Blüten von Centaurea, bei der »Heiligen Anna Selbdritt« auf der Stufe links zwischen Rosen und Nelken; in
der »Darbringung Christi im Tempel« eine Blüte links
außen und eine zweite zwischen Maria und dem Hohen-
priester.

Lilie
Lilium candidum
Ohne Abbildung in »Sturms Flora«

Die weiße Lilie ist hier gemeint. Lilium, vom griechischen Namen der Pflanze, leirion, abgeleitet und candidum, schön, weiß, ist ihr Name schon bei den Römern. Lilium bulbiferum, eine zweite Lilienart, rotblühend, unsere Feuerlilie, kannte man ebenfalls im Altertum.

Sie kommt von den Göttern. Neben der Rose, die zur Venus gehört, ist die Lilie die Blume der Juno und verkörpert Erhabenheit und Zurückhaltung, verbunden mit Schönheit. Im Altertum hieß sie Rosa Junonis. Sie sei der Milch der Juno entsprossen, die im Schlaf den Herkules säugte, der bereits so stürmisch war, daß ein Strahl aus Junos Brust perlend durch den Himmel fuhr, den wir heute noch als Milchstraße sehen. Ein Tropfen aber erreichte die Erde, aus dem wuchs die Lilie auf. Da war sie die Schönste. Aber die neidische Venus, heißt es, versetzte ihr den »Stempel«, das Pistill, das an den brünstigen Esel erinnern sollte und an die Allmacht der Liebe. In Bildern des Mittelalters wird deshalb die Lilie auch manchmal ohne diese Insignien der irdischen Liebe dargestellt.

»Schauet die Lilien auf dem Felde an, wie herrlich sie prangen«, heißt es im Hohen Lied Salomons. Beim Propheten Jesaia ist sie die »Rose«, weil Luther ihren Namen so für uns übersetzt hat. Sie zierte die Altäre Israels und schmückte Salomons Stirn. In Persien, woher sie wahrscheinlich stammt, ist Susa der Name der alten Hauptstadt, das ist »Lilienstadt«, rings um sie wuchsen Lilien. Der hebräische Name Shusham, Susanna, auch oft mit Rose übersetzt, bedeutet Lilie. Bei den Assyrern war sie das Symbol des Königs. Sie wurde es auch für die römischen Thronfolger, und als solches auch Zeichen der

Hoffnung: »spes populi Romani« steht zusammen mit der Lilie auf römischen Münzen.

Im Norden hielt der Gott Thor in der Linken das liliengekrönte Szepter, in der Rechten den Blitz. Oberon und die Elfen schlafen in den süßduftenden Blüten und tragen sie als Zauberstab in den Händen.

In der Heraldik weitteifert die Lilie mit der Rose. Jahrhundertelang waren in Frankreichs Wappen drei Lilien, seit Chlodwig im Jahr 496 sich, von seiner frommen Frau Chlothilde beeinflußt, taufen ließ und zum Beschützer der Christen erklärte. Drei Lilien wurden auch der Jungfrau von Orleans verliehen, mit ihrer Erhebung in den Adelsstand. Als Emblem von der Schwertlilie oft nicht zu unterscheiden, ist sie in zahllosen Wappen. Ihre stilisierte Form kann man sowohl von Lilium, wie von Iris ableiten, so werden für Florenz Feuerlilie, aber auch Schwertlilie genannt. Die Ähnlichkeit zu »Fleur de lis«, der Lilie der Bourbonen, ist groß.

In der Heilkunde geben Dioskurides und Galenus ein Rezept für Salbe, Lirinum oder Susinum genannt, mit der »Nerven«, worunter sie Muskeln und Sehnen verstehen, und namentlich die verhärtete »Mutter« erweicht werden. Blätter heilen Schlangenbiß. Gebratene Wurzeln versiegeln Geschwüre. In den Kräuterbüchern findet man die vielfältigen Empfehlungen der Alten wieder, bereichert durch andere. Man soll Öl, Salben und Pulver herstellen, man soll auflegen, kühlen, netzen, schmieren, waschen, gurgeln.

Im »Hortulus« von Walahfrid Strabo ist die Lilie die fünfzehnte Pflanze, und er beginnt den Vers damit, daß er nicht weiß, wie er mit seiner nüchternen Muse den Gegenstand würdigen kann. Der Geruch mahnt an die Wälder von Saba, er wird nicht übertroffen vom Duft der Narde. Das Weiß ist so weiß wie parischer Marmor. Dann rühmt der Dichter die Heilkraft des Saftes.

Bei Megenberg steht die fromme Verherrlichung: »lili-
gen die schoenst ob allen frawen ist gezogen under den
sündern und gewan doch nie kain mal von sündendorn.
frawe, her und gnaden vol, das laz mich geniezen.« Dies
im »Buch der Natur«.

Die Heilige Hildegard nennt die Pflanze lylim, weiß
Gilgen ist seit dem 16. Jahrhundert ein Name. Sie ist die
Eindeutige, die unverändert ist und immer dieselbe in
Klostergärten, in Bauerngärten und in unseren Gärten,
im Gegensatz zu den Tausenden von Rosenzüchtungen.

Die Dichter des Mittelalters bedienen sich der Lilie
reichlich. Sie ist das Bild der Herzensreinheit und Unschuld, sowie der körperlichen Schönheit. In der christlichen Symbolik ein Sinnbild Christi, der Kirche, der
Schönheit des Himmels, der Tugend. Die Lilie ist jedoch
auch das Symbol des blassen Todes, sie sprießt aus Gräbern von Liebenden und von unschuldig Hingerichteten,
die der Tod ins neue, reine Leben entläßt.

Zahlreiche christliche Heilige haben die Lilie als Attribut. Es sind die sogenannten Bekenner, die Märtyrer tragen eine rote Rose.

Im besonderen steht die Blume für die Keuschheit und
Seelenreinheit der Jungfrau Maria. Seit dem 8. Jahrhundert ist sie Marias Attribut, und Lilium candidum heißt
heute noch Madonnenlilie. Gabriel, der Verkündigungsengel, trägt die reine Lilie, ohne gelbe Staubgefäße, in
der Hand. Dargestellt zwischen Dornen ist sie das Symbol für die unbefleckte Empfängnis. Die Lilie ist mit der
Rose zusammen die Blume bei Mariae Himmelfahrt.

Endlich versteht sich die Lilie auch als Sinnbild der
Nacktheit. Sie ist anwesend bei den Szenen der Vertrei-
bung aus dem Paradies, wo Adam und Eva sich nicht
kleiden und nicht arbeiten mußten: wie die Lilien auf
dem Felde.

Im »Paradiesgärtlein« finden wir am rechten Bildrand

zwei blühende Lilien. Rogier van der Weyden malt eine
Lilie, mit der Iris zusammen in einem Krug, auf dem Bild
der »Medici-Madonna«. Die Altartafeln des Meisters del
Bambino Vispo mit »Christus als Salvator Mundi« zeigen
im rechten Flügel neben Maria eine Lilie im Krug. Ein
toskanischer Meister malt auch weiße Lilien zu »Maria
mit dem Kind und Engeln im Rosenhag«.

Löwenzahn
Taraxacum officinale
Abbildung siehe Seite 66

Die Araber hatten ein Tharakhchakon, womit sie entweder die blaublühende Cichorie oder eine nicht
näher bezeichnete gelbblühende Pflanze meinten.

Die antiken Schriftsteller haben den Löwenzahn nicht
von anderen gelbblühenden Korbblütlern unterschieden, trotz der auffallenden Blüten, der Federkugel seines
Fruchtstandes und seiner großen Rosette aus den gezähnten Blättern. Die Pflanze hatte im Altertum offenbar
keinerlei Bedeutung.

Aigremont führt an, sie sei bei den Germanen der Lie-
besgöttin Freya heilig gewesen, eine ungesicherte
Quelle.

Hildegard von Bingen hat den Löwenzahn nicht erwähnt. Als »flos campi« taucht er bei Megenberg auf, eine
Bezeichnung, die für mehrere Pflanzen gilt. In Glossaren
und Codices findet man Planta leonis, sponsa solis, calendula agreste, caput monachi, solsequium agreste und
capistrum auri. Beschrieben und abgebildet hat man ihn
erstmals als Schweinerüssel, rostrum porci, im »Großen
Hortus Sanitatis« von Straßburg.

Im 16. Jahrhundert wird er für die Botanik interessant.
»Wir seind wider an die Milchkreutter kommen, deren

auch vil seind, als Lattich, die Magsamen, die Schöll-
wurtz, die Pfaffenröhrlein groß und klein«, berichtet
Hieronymus Bock und rätselt: »und verwandelt sich das
Kraut nicht in Wegwart, wie etliche träumen«. Mit vielerlei Namen taucht er in mehreren Kräuterbüchern auf,
als Sonnenwirbel, Mönchskopf und Pfaffenrörlin, aber
auch schon als Lewenzan. Das ist bereits ein »Bücher-
name«, den er bis heute, und auch in anderen europäi-
schen Sprachen hat, so heißt er in England »lions teeth«.
Die gezähnten Blätter werden mit den Zähnen eines Löwen verglichen. Hieronymus Bocks Beschreibung ist
eine der schönsten: »Seine zerkerften Zeen vergleichen
sich den grosen Segen Zeenen. Die Rippen so durch die
Bletter gehn, seind gegen der Wurtzel leibfarbrot ... Mit-
ten aus dem Stock des Gewächs, dringen im anfang des
Aprillen, hole, lange, glatte Rörlin, als Strohälmer ohn
Köpff, im obersten der Rörlin grün gestirnte Köpfflin, wie
Oliven anzusehn, so dieselben aufgehn, werden sie zu
schönen gelen dotterfarben gefüllten Blumen, als ge-
malte schöne Sonnen. Alsbald aber dise Blumen zeitigen
werden harichte, runde und wollichte Köpff daraus, die
fliegen seer bald davon, das ist der Samen, alsdann stehn
die Rörlin mit weissen beschorenen runden Blatten ledig, wie die nackte Münchsköpff. Das ganz Gewächs gibt
bittere Milch. Im Meien verwelken die Rörlin sampt den
beschorenen Münchsblatten, doch ist das Kraut über Jar
zu finden in den Grasgärten, auf den Kirchhöffen, ...
möcht wol auch Augenwurtzel heißen, Ursach wann
dise Wurtzel im Sommer, so die Sonn in Virginem geht,
gegraben würt, und dann einem Menschen oder anderem Viehe die Flecken in Augen haben, an den Halß ge-
henckt würt, verschwinden die Flecken wunderbarlich.«
Daß der Löwenzahn »alles Fehl aus den Augen nimmt«,
Geschwüre aufbricht und heilt, kann man auch im Mainzer »Gart der Gesundheit« lesen.

In der Volksmedizin nützt er gegen Gallen- und Leberleiden, Nierensteine, Husten und Hautkrankheiten. In
der sympathischen Medizin wurde er wegen der gelben
Blüten gegen Gelbsucht angewendet. Dann hielt man
ihn für harntreibend, und zwar gelben, aber auch gegen
das »Bettpißen« soll er gut gewesen sein, unter dem Namen herba urinaria: ... »weil sie vor die Knäblein tauget,
die unter dem Schlaffen ins Bett laufen lassen«. Ein Salat,
den man heute noch aus Löwenzahnblättern macht,
heißt im Elsaß Bettbrunzersalat und Pisseaulitsalat.

Der Löwenzahn ist die Pflanze mit den meisten Volksnamen im ganzen deutschen Sprachgebiet. Es werden
fünf- bis sechshundert Namen geschätzt.

Goethe sieht in der »Spiraltendenz« der aufgeschlitz-
ten Stengel einen Weg, »dem tiefen Naturgeheimnis näher zu treten«. Er schreibt darüber in seinen morpholo-
gischen Schriften. Für Kinder ist diese Spiraltendenz
eine Belustigung. Wie sich die Stengel im Wasser rin-
geln.

Löwenzahnsamen und die Fruchtstände, die »Puste-
blumen«, wurden zu allen Zeiten als Liebesorakel be-
fragt. Oder nach der Seligkeit: ist der Fruchtboden weiß
nach dem Auspusten, kommt man in den Himmel, ist er
schwarz, ins Fegefeuer. Hängen Samen an den Kleidern,
sind das Sünden.

Mit seinen bitteren Blättern ist er das Bitterkraut im
Festmahl der Juden beim »seder«, dem Passafest.

Als heilendes, heilbringendes Kraut wurde der Löwenzahn zu einem Attribut der Jungfrau Maria. »Du bist
des lewen muoter«, heißt es aber auch in der »Goldenen
Schmiede« des Konrad von Würzburg im 13. Jahrhundert. Die Pflanze des Löwen ist das Zeichen für Christi
Löwenmut.

Die »Heilige Veronica« des Meisters von Flemalle hat
zu ihren Füßen in der Wiese eine Löwenzahnpflanze, di-

rekt vor ihrem Schuh. Blätter von Taraxacum findet man
in der Darstellung »Ruhe auf der Flucht« von einem
schwäbischen Maler, sie stehen neben einem der Hufe
des Esels. Im linken Flügel des »Johannesaltars«, nach
Rogier van der Weyden, mit der Darstellung von Christi
Geburt, wächst Löwenzahn unten vor dem Fuß des Za-
charias. Die »Beweinung Christi«, nach Dirk Bouts, zeigt
die Pflanze rechts neben der Taubnessel am oberen
Wegrand. Der Meister der »Heiligblut-Kapelle« hat in
der Darstellung der »Heiligen Sippe« den Löwenzahn auf
der rechten Seite vor die Stufe und unter den Gewandsaum des musizierenden Engels gemalt.

Lungenkraut
Pulmonaria officinalis
Abbildung siehe Seite 67

Die Lunge heißt lateinisch pulmo. Pulmonaria, das
Lungenkraut, bekam erst spät seinen Namen.
In den griechischen Schriften und Codices des Altertums
ist es nicht zu finden, naturgemäß, denn es kommt bis
heute nicht vor in Griechenland. Da es in Italien, wo es
wächst und sicher schon lange wuchs, keine eigene
»Botanik« im Altertum gab, gibt es keine frühen Beschreibungen der Pflanze. Hildegard von Bingen kennt
eine Lungwurtz, die möglicherweise unsere Pulmonaria
ist. Sie sagt von ihr, daß sie gern von den Schafen gefressen werde, das sei gesund für diese und sie geben gute
Milch. Der Mensch soll das Kraut in Wein gekocht trinken bei geschwollener Lunge. Weil die Lunge etwa die
Natur des Schafes habe, könne er davon gesund werden.
Ein kleines Rätsel.

    Um 1500 hat Vitus Auslasser »Unser frawen gespann«
oder »lac benedictae virginis«, unser Lungenkraut, in sei-

nem Herbarius erwähnt. In den späteren Kräuterbüchern findet man Pulmonaria zunächst gar nicht, oder an seiner Statt die Lungenflechte, Laboria oder Sticta pulmonaceae. So zum Beispiel bei Fuchs, der eindeutig die Flechte abbildet. In Bocks Kräuterbuch gibt es die kleine Walwurtz ohne Abbildung. Da Symphitum, die große Walwurtz oder der Beinwell, nah verwandt ist mit dem Lungenkraut, könnte er dieses mit der kleinen Walwurtz gemeint haben. In einer deutschen Ausgabe des Kräuterbuchs von Matthioli ist die Pflanze und ihre Anwendung zum erstenmal erkennbar beschrieben. »Diß Kraut«, heißt es da, »ist bey vielen im Beruff kommen, es heile die Geschwär an der Brust, ich habs versucht im blutspeyen, und treffliche Hülff befunden. Habs aber lassen in Wasser sieden, mit Rosenzucker abbereiten, und die Brühe den Kranken zu trinken allwegen früh darreichen.« Also Pulmonaria. Matthioli gab der Pflanze zusätzlich die Namen Hirschzunge und Hirschmangold, »weil sie gerne von Hirschen gefressen wird«. Wir können dabei aber auch an die Zugehörigkeit zu den Rauhhaargewächsen denken, an die verwandte Ochsenzunge und die Hundszunge, mit ihren zungenförmigen, haarigen Blättern.

Nach der signatura rerum war das Lungenkraut heilsam gegen Lungenleiden. Man verglich seine gefleckten Blätter mit der Beschaffenheit der Lunge. Auch der Farbumschlag der Blüte von hellrot über violett zu blau, im Verlauf des Aufblühens und Verwelkens, während dessen der saure Zellsaft zunehmend basisch reagiert, und der vom Farbstoff Anthozyan bewirkt wird, wurde zu einem Vergleich mit dem Blutaustausch in der Lunge herangezogen und so die Heilkraft »erklärt«. Ein großes Rätsel.

In der Volksmedizin wurde das Kraut noch lange Zeit gegen Lungenleiden, Bronchitis und Heiserkeit angewendet. Auch als Wundheilmittel war es gebraucht. Bis heute kann man herba Pulmonariae in Apotheken bekommen.

Die auffallende Erscheinung von den »jungen« roten und »alten« blauen Blüten ist in einigen Volksnamen festgehalten: »Ähnl und Ahn«, »Tag und Nachtblüml«, »Fleisch und Blut«, »Bayern und Franzosen« (nach den Soldatenuniformen, blau in Bayern und Franzosen mit roten Hosen), blaue und rote Schlüsselblume.

Die Blätter wurden, wie die anderer Frühlingsblumen, in Eierkuchen eingebacken oder zu Suppen verwendet. Das waren gute Speisen für Kranke und Bedürftige. In Bayern braute man das Lungenbier im »armen« Bayrischen Wald.

Am Ende des 16. Jahrhunderts schreibt Bauhinus in seinem Traktat »Von Pflanzen, die von Gottheiten oder von Heiligen den Namen haben«, über das Lungenkraut, das er, ähnlich wie Auslasser, »Sanctae Mariae Lac«, Milch der Heiligen Maria, nennt. In den Niederlanden gab es fast gleichzeitig den Namen »Unser frawen melch cruyt«, und in einigen Gegenden Englands heißt Pulmonaria heute noch »Ladys Milk Sile« oder »Virgin Mary's milk-drops«, »Unsrer lieben Frau Milchtropfen«.

In der Wiese, auf der die »Heilige Veronica« des Meisters von Flemalle steht, blüht zu deren Füßen, zwischen einer blühenden Löwenzahnpflanze und dem Odermennig, ein stattliches Exemplar des Lungenkrauts.

Märzbecher, großes Schneeglöckchen
Leucojum vernum
Abbildung siehe Seite 68

Das griechische leukos, weiß, und ion, das Veilchen, geben der Blume einen Namen, der ihren stark veilchenhaften Duft mit ihrer weißen Farbe zusammenbringt. Das weiße Veilchen hat viel Anlaß zu Verwechslungen gegeben. Da ist die Levkoje, Leuconium, die ebenfalls nur durch den Duft in die Nähe der Veilchen geraten ist. Und nun nennt sogar Hegi das Leucojum: Leuconium, die Frühlingsknotenblume, den Märzbecher, das große Schneeglöckchen. Er gibt an, daß die Pflanze nahezu alle Namen mit dem Schneeglöckchen teile. Dazu kommen: Dubbelte Sneeklockskes, Märzeglöckli, Osterschälchen, Sommertürchen, Chropfla, Tubachnopf, Storchehälsli und andere.

Die Gattung hat etwa zehn Arten. Unsere Art ist in Deutschland vor allem in Süd- und Mitteldeutschland, in den Vogesen und Allgäuer Alpen bis auf beträchtliche Höhen wild wachsend, im Mittelmeergebiet und bis Kleinasien verbreitet.

Es gibt nicht viele Nachrichten von der Pflanze, nicht aus dem Mittelalter, auch Hildegard von Bingen verzeichnet sie nicht.

Erst Hieronymus Bock kennt sie als »Weiß Hornungsblümlein« oder »Weiß Zeitlosen«, behandelt sie im Kapitel »Von den Zwiebelen« zusammen mit Narcissus poeticus, bildet beide Pflanzen nebeneinander ab, wie auch wir sie kennen. Er schreibt: »Heißt Leucoion quasi leucon ion, das ist weiße Viol, item Leucoium hexaphyllum, item Sylvester Lilium Dioscoridis, item Hemerocatalecton …, Bulbum vomitorum … Wer aber solche Blumen nicht dafür halten kann, der bring besser Zeugnis aus der Schrift, wir haben das unsere getan ... Solche weisse wohlriechende Blumen thun sich um Valentini herfür, das Kraut und die Wurtzel vergleichen sich beide dem zamen Knoblauch, wiewohl das Kraut gedachter Blumen zarter und linder ist, so ist doch die Gestalt und der Anblick dem gemeinen Knoblauchkraut ähnlich. Diese weisse schellechte Blumen, riechen als die Märzen Violen, wachsen etwa zwei oder drei auf einem binzechten Stengelin, Spannen hoch. Eine jede Schelle oder Blum vergleicht sich einer Cymbalen mit sechs Spitzlein, die sind auswendig mit gäl grünen Tröpfflein auf den Spitzen gemalet ... Hornungsblumen nennet man im Odenwald auch Mertzenblumen, darum, dass sie im Anfang des Mertzen am vollkömmlichsten gesehen werden in den finsteren Wäldern.«

Brunfels tut sich schwerer, er hat das Problem, daß die »Kreutler« ihm »wunderbarlich Ding von diesem Kraut« gesagt haben, nämlich daß es zweimal im Jahr blühe, »einmal im Hornung, das andermal im Herbst, und zwischen den zwei Zeiten besame es sich, durch ein sonderlich Wunderwerk. Und laß sich da die Wurzel je tiefer je tiefer in die Erde, danach geb es seine letzte Blum und werde genannt Zeitlöslin.« Dazu Bock: »Daß aber etlich Lügner fürgeben, diese Zwiebelein blühen zum Jahr zweimal, im Glantzen und im Herbst, das *ist* nicht, wie wir denn solches mit Fleiß in unserem Garten wargenommen.« Nicht der Kollege, sondern die Kräutler waren mit »Lügnern« gemeint.

Von der »Kraft und Wirkung« bei Bock: »Im Leib haben die Alten dies Gewächs selten gebraucht, außer, wenn sie jemand wollten erbrechen helfen ... in Tranks weise eingenommen, macht kotzen«. Bulbum vomitorum! Das ist »innerlich«. Äußerlich angewendet wird »die Wurzel sampt Kraut zerknitschet und aufgelegt, ist gut den geschwollenen Brüsten der Kindbetterin, dienet auch zu allen Brandschäden. Wurzel zerstossen, und mit Honig vermischet und übergelegt, heilet alle Myasmen, Miss-farb, Zittermäler, Flechten und der Haut Ohngefell ... Desgleichen erweichet sie alle Geschwär, Knollen, Beu-len, und was schwerlich zu erweichen ist. Zeucht aus Spreißen, Pfeil, Dorn und anders.«

In einem Marienlied heißt es: »Maria ... du schöner zitenlose, mach uns von sünden fry.« Die Zeitlosen, die zu früh oder zu spät im Jahr blühenden Pflanzen, Herbst-zeitlose und Schneeglöckchen, hier kann es nur das große Schneeglöckchen sein. Auch in Bruder Hansens Marienlied: »God grueti tidelose als gout, die yerste bloeme nae winters dwanc (Zwang), dat bistu vrou in groeter wout ... help ons vrouwe ... ave Maria.« Die Zeit-lose, als erste blühende Pflanze nach dem Winter, ist ein Symbol der Hoffnung. Die weiße, duftende und reine Blume wird Zeichen für die Reinheit und Unschuld der Jungfrau. Sie ist eine der wichtigen Marienpflanzen.

Im »Paradiesgärtlein« stehen diese Marienpflanzen. Sie wachsen eine über der anderen und decken den Rücken des psalterschlagenden Jesusknaben wie ein Schutzschild. Sie nehmen mit dem Kind zusammen die Mitte des Bildes ein, darüber breitet sich Marias blauer Mantel auf der Blumenwiese aus, unter dem ein drittes Schneeglöckchen zu sehen ist.

Maiglöckchen
Convallaria majalis
Abbildung siehe Seite 69

Im Altertum haben die Gelehrten, so meinte Hierony-mus Bock, »noch nicht mit dem Namen des wolrie-chend außerwölt Meienblümlein hervortreten wollen«, obwohl es doch jedermann bekannt sei. In Griechenland war die Pflanze selten, damit ist ihr Fehlen in den alten Quellen erklärbar. In Italien, wo sie verbreitet vorkam, wurde von den Römern noch keine »botanische Forschung« betrieben. Im Norden soll das Maiglöckchen der Ostara geweiht gewesen sein, dieser in der Literatur umstrittenen angelsächsischen oder germanischen Frühjahrsgöttin mit dem vertrauten Namen, ihr wurde die Blume in den Osterfeuern geopfert. So tritt sie auch in der nordischen Kunst früher als im Mittelmeerraum auf.

Convallaria, hervorgegangen aus convallis, der Talkessel, das geschlossene Tal. Oder kommt sie vom Wall, vallaris und ist corona vallaris, der Ehrenkranz für den, der zuerst den Wall des feindlichen Lagers erstieg? Convallaria majalis, im Mai blühend.

Im frühen Mittelalter wurde das Maiglöckchen wahrscheinlich mit dem Salomonssiegel, einem berühmten Wunderkraut, verwechselt. Erst Leonhart Fuchs beschreibt die Pflanze richtig: »haben ihre Wohnung in Wäldern und schattichten Orten. Im Maien bringt dies Kraut seine liebliche wohlriechende Blümlin, und vergehen schnell wiederumb und dorren ab«.

Im 16. und 17. Jahrhundert war das Maiglöckchen eine bekannte Heilpflanze. Bock sagt: »Maiblumenwasser stärket das Herz und Hirn und bringt die verlorenen Sinne wieder ... Maienblumenwasser ist außbundt zu den Augen.« Die Blumen und Wurzeln sind gut gegen Gicht, helfen bei Schlaganfällen und Ohnmachten. Das große Ansehen der Pflanze zeigt sich darin, daß sie sogar ein ärztliches »Markenzeichen« wurde. Auf einem Holzschnitt aus dem 16. Jahrhundert sieht man Kopernikus, ein Maiglöckchen in der Hand, dazu die Inschrift: »Copernicus als Arzt ziert ihn ein Mayen-Strauß. Er rechnet der Welten Laufbahn aus«. Ärztebilder und auch Wappen von Ärzten zeigen Maiglöckchen. Ein Rostocker

Chirurg warb mit einem Schild, auf dem man ein Herz mit daraus entspringendem Maiglöckchenstrauß sieht.

Glücklicherweise hielt sich die Volksmedizin in der Verwendung von Maiglöckchen zurück, denn es handelt sich ja um eine giftige Pflanze. Allenfalls der »Schneeberger«, ein vortreffliches Niespulver, wurde mit den Blüten angereichert. Nießen reinigt das Gehirn. Das russische Volk braucht gegen Epilepsie Tropfen von einem alkoholischen Auszug.

Sommersprossen, das alte Schönheitsproblem, geht man erfolgreich an, wenn man Maiglöckchen bei Sonnenaufgang pflückt und ins Gesicht reibt. Ein bißchen Aberglaube gehört dazu.

Die Maiblume ist die Blume des Frühlings. In Paris ist der 1. Mai »la journée du muguet«. Man trägt Sträuße, damit man das ganze Jahr Glück hat. In Deutschland und vor allem in Schweden schmückt man die Stuben mit den Blüten. Die Bauernmädchen haben sie beim Kirchgang in den Händen. Das ist Vergangenheit.

Lilium convallium, die »Lilie der Täler« aus dem »Hohen Lied« der Bibel, ist von der Weißen Lilie auf unsere Pflanze übertragen worden. Der alte, fromme Name steht in den Kräuterbüchern und ist in Apotheken gebräuchlich gewesen. Aus ihm sind Volksnamen entstanden, die den Witz, mit dem man dem Latein gewachsen war, zeigen: Lilijenkonvalljen, Lielienkonveilchen, Hilgenkummveilchen, Lilumfalum, Fillifalliblüh. Was man heute noch in verschiedenen Gegenden bei uns hören kann, ist Maililie, Maischellchen, Zauke, Nießkraut und Zweiblatt.

Maler haben die Maiglöckchen geliebt. Sie haben sie gerne in den Rasen gesteckt, zuerst »naiv«, später »naturgetreu«, immer in die Nähe der Maria. Sie wurden Symbol für die Ankunft Christi, für die Verkündigung, die unbefleckte Empfängnis und schließlich Attribut der Himmelfahrt Mariae. »Ego Lilium convallium, id est flos humilium«, sagt Eadmer of Clare. In England ist die Blume immer noch »Lily of the valley«. Die schneeweißen Blüten symbolisieren jungfräuliche Reinheit und Keuschheit. Die bescheidene Pflanze bedeutet Demut und Bescheidenheit.

Wir finden Maiglöckchen im »Paradiesgärtlein« am unteren Bildrand links neben der Christrose. Die »Heilige Veronica« des Meisters von Flemalle hat blühende Maiglöckchen in der linken unteren Bildecke. In der »Verkündigung« des Meisters von Pfullendorf steht ein Maiglöckchenstrauß in einem bemalten Krug. Mit anderen verstreuten Blüten zusammen, liegt auch ein Maiglöckchen auf den Fliesen des Tempels in Martin Caldenbachs »Darbringung Christi«.

Malve
Malva neglecta
Abbildung siehe Seite 70

Theophrast gab ihr den Namen Malache, von malakos, weich, den auch Dioskurides beibehält. Ihre schleimige Wurzel hat seit alten Zeiten als eßbar, die ganze Pflanze als Gemüse und als heilkräftig gegolten. Viele Namen, die sie zu verschiedenen Zeiten bekam, zeigen ihre große Beliebtheit an. Die erste Erwähnung bei Hesiod, im 8. vorchristlichen Jahrhundert, stellt sie als Nutzpflanze dar. Die Pythagoräer verboten später, die Blätter zu essen, die waren heilig. Die Samen galten bei den Griechen als Aphrodisiacum, vor allem für Frauen, und auch bei Frauenkrankheiten wurden sie verwendet. Blätter, gekocht, heilen Wunden. Blüten, gesotten mit Wein, braucht man gegen Geschwüre, Beulen und »Skrofeln«. Übrigens sei die Malache nicht gut für den Magen, helfe jedoch den Gedärmen, so Dioskurides.

Die Arkadier nannten die malache auch althaia oder althea, von althein, heilen, oder althos, das Heilmittel. Ihr Name kam von Althaea, der Frau des Königs von Calydon, der Mutter Meleagers. Der Eibisch, Althaea officinalis, die Stockrose, Althaea rosea, und andere, zum Beispiel der Hibiscus und Gossypium, die Baumwolle, gehören in eine eigene Gattung der Malvaceen.

Plinius zählte Althaea zu den »Malvae silvestris«. Er berichtet, ein Skorpion erstarre auf der Stelle, wenn man ihn auf ein Malvenblatt legt. Seine Stiche, und die der Wespen, werden mit den Blättern geheilt. Legt man die Blätter einer Gebärenden unter, beschleunigen sie die Geburt in so hohem Maß, daß man sie nach »erfolgter Niederkunft« sofort wegnehmen müsse, da sonst die Gebärmutter nachfolge.

Wahrscheinlich hat es sich in den meisten alten Berichten um Malva silvestris gehandelt, die Roßpappel, die von Dioskurides als »Gartenmalve« der »wilden Malve«, Malva neglecta, gegenübergestellt wurde. Während die Malve eine seit alters bei uns heimische Pflanze ist, wird die Stockrose erst seit dem 16. Jahrhundert nachgewiesen. Vielleicht ist sie durch die Türken nach Europa gekommen.

Ein auffallendes Merkmal der Malven ist schon im Altertum beobachtet worden und in vielen Kräuterbüchern beschrieben. Zum Beispiel bei Johannes Hartlieb: »und naigt sich dy pluemen all czeyt gegen der sunnen aufgangk und zu mittag stet sy aufgerechen«. Die Blüten wenden sich stets der Sonne zu, morgens sind sie nach Osten, abends nach Westen gerichtet, und am Tag stehen sie aufrecht, ein später Phototropismus genanntes Phänomen.

Hildegard von Bingen gibt der Pflanze den deutschen

Namen babela, der zu Pappel gemacht wird, naturgemäß mit dem Baum aber nichts zu tun hat. Babela meint den Brei aus dem Wurzelschleim, den »Papp« oder das Mus, von Hildegard gegen schwachen Magen verordnet: aufpäppeln. Konrad von Megenberg sagt »Papeln«. Bock stellt die Stockrose als Ernrose in seinem Kräuterbuch vor, eine Rose, die zur Erntezeit blüht. Ihre Blüten werden als Hustenmittel, zu Gurgelwasser und als ungiftiges Färbemittel verwendet. »Oly von Pappelblumen gemacht, und damit bestrichen, behüt den Menschen vor den Immen, das er nit gestochen würt«, sagt Bock.

Volkstümliche Namen sind: Sigmarskraut, Simonswurzel, Hochleuchte, Rosen-, Roß-, Hasen- und Gänsepappel, Johannispappel, Hasenkohl und Wetterrose. Als »Käse« oder »Katzenkäse« wurden die Früchte der Roßpappel von Kindern gegessen: »Man darf aber nicht viel davon essen, sonst wird man verrückt«.

Sympathiezauber macht die Malve im 15. Jahrhundert zur Wahrheitsdroge. Will man erfahren, ob eine Frau Kinder bekommt, muß man ihren Harn auf die Pflanze gießen; verdorrt sie in drei Tagen, ist die Frau unfruchtbar, bleibt sie grün, bekommt die Frau Kinder. Zweihundert Jahre später kann man nach einem Arzeneibuch immer noch dasselbe Verfahren anwenden, als Schwangerschaftsnachweis und zur Prüfung der »Unschuld«!

Wegen ihrer Heilkräfte, vor allem für die Frauen, aber auch gegen Bisse und Stiche giftiger Schlangen und Skorpione, wird die Pflanze ein Symbol des Heils und der Errettung.

Im »Paradiesgärtlein« stehen, im Hochbeet, rechts außen vor der Mauer Malven, zwei mit roten, eine mit weißen Blüten.

Margerite, Wucherblume
Chrysanthemum leucanthemum
Chrysanthemum parthenium

Abbildung siehe Seite 71

Im Altertum gab es bei Dioskurides die Pflanze Parthe-
nion, das heißt »jungfräulich«. Die Blume war bei den
Griechen der jungfräulichen Pallas Athene geweiht.
Auch Diana wurde von einer Nymphe mit den Blumen
gekrönt, dem Symbol der Keuschheit und Jungfräulich-
keit. Später verglich Catull eine Braut mit dem weißen
Chrysanthemum. Bei Ovid wird die Jungfrau Clythia, die
den Sonnengott vergeblich liebte und starb, in die
Pflanze verwandelt. So kamen die Margeriten zu ihrem
Platz in der Unterwelt und zur Bedeutung als Todesblu-
men, die sie in Italien zum Teil heute noch haben.

Chrysanthemum leucanthemum, aus dem griechischen chrysos, gold, und leukos, weiß. Beide Namen en-
den mit anthemum, von anthos, die Blume. Diese »weiße
Goldblume« hat viele Verwandte, die verschiedenen Ka-
millen, natürlich das Maßliebchen, aber auch im fernen
Osten die Chrysanthemen.

»Dieweil wir je in den geringelten und gesternten Blumen seynd, als Chamillen und Mettram etc., so hab ich
auch hie nicht wöllen übergehen die Genßblum, die wir
in Latein und Kryechisch nennen Buphthalmos, darumb
dass sie einem grossen Rindsaug gleich ist. Ist ein Blum,
wachst auch anderthalb Ellbogen hoch, in den Matten
mit einem zart Stengel und Blättlein gleich dem Fenchel
oder Chamillen ... Ich acht, es bedörf nit viel abmalens,
dann solch Blumen allesampt umb Corporis Christi, und
im Maien erfunden werden, an vielen Orten der Christenheit zu solchen Festen gebraucht...«, berichtet
Brunfels. Bei Bock Oculus bovis, Rindsauge, »mit gälen

Augapffel und weißen Augenbrauen. Bellis major und Gänseblume, nämlich die große, heißt sie, wie die klein Maßlieb, weil sie ein weiß Gefieder hat und ein gelben Schnabel«.

Als Heilpflanze war sie früher gegen Podagra, gegen Entzündungen und hitziges Fieber verwendet worden. Herba bellidis pratensis nahm man zu Tee gegen Katarrhe, Sirup und Pastillen gegen Entzündungen der Atemwege und Essenzen gegen Blutflüsse. Auch als Wundmittel wurde ein Extrakt benutzt.

Die wilde Stammpflanze aller Spezies dieser Gattung ist in China und Indien heimisch, aus ihr haben sich etwa zweihundert Arten entwickelt und auch in Europa sind einhundertfünfzig davon zu Hause. Dazu muß man die Unzahl der Züchtungen rechnen, vor allem in China und Japan, wo die Chrysantheme die Königin aller Blumen ist.

Unsere Wucherblume, die Margerite, ist eine Orakelblume: Man zupft die weißen Strahlenblüten, und die letzte, die übrigbleibt, gibt Antwort auf viele Schicksalsfragen. Er liebt mich – er liebt mich nicht. Was werde ich? Was wird mein Zukünftiger? Kaiser, König, Kurfürst, Rat … Wohin komm ich nach dem Tod? Himmel, Höll', Fegefür'. Was ist mein Kind? Bueb, Maidli, Bueb, Maidli? Wieviel Jahre leb ich noch?

Sie hat viele anschauliche Volksnamen: Großes Maßlieb, Gänsemajen, Bedlmandl, Jungfernblume, Messblume, Wagenrad, Johannisblume, Himmel-Höll- und Fegfeuerblume. Margerite war ein »poetischer« Name des 19. Jahrhunderts, der auf dem Land erst allmählich gebräuchlich wurde.

Als jungfräuliche Blume ist die Margerite, wie das Maßliebchen, zur Marienpflanze geworden. Zwei Blüten entdeckt man im »Paradiesgärtlein«, unten in der Mitte zwischen Maiglöckchen und Pfingstrose. Auch zu Ehren

der »Maria lactans« auf der Tafel des Meisters von Flemalle blüht eine Margerite mit großen Blumen im rechten Teil der Wiese. Sie steht neben einer auffallenden,
hellblühenden Pflanze mit langem Stengel und großen,
runden Blättern, die nicht zu bestimmen ist. Rogier van
der Weyden malt ein Chrysanthemum im Bild seiner
»Medici-Madonna«, in der linken Ecke ist es unter dem
Rocksaum von Petrus zu sehen. In ihrer Bedeutung als
Todesblume ist die Margerite auf dem Altar der »Passion
Christi« von Holbein d. Ä. aufzufassen, obwohl sie in der
Darstellung der Auferstehung erscheint, wo man sie
rechts außen neben dem Boretsch findet.

Mohn
Papaver rhoeas, Klatschmohn,
Papaver somniferum, Schlafmohn
Abbildung siehe Seite 72

Demeter, die Fruchtbarkeitsgöttin und Göttin der Unterwelt bei den Griechen, sei es gewesen, die
zuallererst den Mohn auf der Insel Mekona fand, woher
sein griechischer Name Mekon stammen soll. Als
Fruchtbarkeitssymbol ist die Pflanze dieser Göttin geweiht.

Der Mohn wächst aber auch bei Hypnos, dem Gott des
Schlafes, dem Sohn der Nacht und Zwillingsbruder des
Todes. Dargestellt als ruhender Jüngling, von Mohn umgeben, auch mit Mohnköpfen in der Hand, findet man
diesen in Griechenland und bei den Römern, wo er Som-
nus heißt. Die Nacht, die Tochter des Chaos und Mutter
des Schlafes, sowie der Tod selbst trugen Mohnkränze.
Papaver somnifera, unser Schlafmohn, bewahrt solche
Gedanken in seinem Namen. Somnum ferre, den Schlaf
bringen.

Virgil und Plinius nennen den Mohn Cereale papaver, nach Ceres, der römischen Schwester der Demeter, Göttin des pflanzlichen Wachstums und des Getreides. In den Kornfeldern unserer Großeltern waren Getreide und Mohn unzertrennlich und erinnerten an diese Verbindung. Den Beinamen Papaver gibt Plinius, weil das Wort die Geräusche des Kauens der krachenden Körner wiedergeben soll. Mit dieser Erklärung endet auch das Gedicht über den Mohn in Walahfrid Strabos »Hortulus«. Er schreibt, Latona, der die Tochter geraubt wurde, habe Mohn gegessen, um den Verlust zu vergessen und sich von ihrem Kummer zu befreien » ... und vom Laut des Essens hat er den bildhaften Namen«.

Im Althochdeutschen heißt Mohn mago, daraus leiten sich andere Namen ab: magesamo, der groß magen, weismagen, wilder magen, magensaph. Man sieht, es ist Ähnliches gemeint wie im Altertum: essen und mampfen, mangare, pappap. Rosule, Rosette, roteman, rot rosen in der choren, swarzmohn, Klapperrosen sind andere Namen.

Konrad von Megenberg, der den Mohn magenkraut nennt, beschreibt seine Heilwirkung nach Platearius: Erkältend und trocknend, nämlich der schwarze, der weiße wirkt kältend und anfeuchtend, zehrt weniger als der schwarze. Samen ist zu Arzenei brauchbar, erzeugt Schlaf und lindert manche Schmerzen. Pflaster aus Mohnsamen, Frauenmilch und Eiweiß auf die Schläfen gelegt, wirkt gegen beginnende Geschwüre.

Saturn, der Gott der Saaten, ist »trocken und kalt«. Der Mohn gehört in die Gruppe der Saturnischen Pflanzen. Im ausgehenden 15. Jahrhundert wird nach der Komplexionslehre dieser Zeit zur Heilung des »Antoniusfeuers« der Melancholiker, ebenfalls eine trockene und kalte Angelegenheit, Mohn als Therapie empfohlen. In der Volksheilkunde hatte er blutstillende Wirkung und in einer Anweisung heißt es, er mache »Unsinnige«, das waren Wahnsinnige, und solche, die großes Hauptweh haben, schlafen.

Im 16. Jahrhundert schreibt Brunfels: »Klapperrosen oder roter Magsodt oder rote Kornblum. Mit dißer Rosen haben die Heyden auch ihr Gaukelspiel getrieben, und dem Fürsten der Hölle, orcus genannt, in seinem Tempel und Schauspielen einen Rock daraus gemacht, darum sie auch genannt worden Orci tunica. Es haben auch die alten Egyptier, so da etliche sonderliche Zeichen von Thieren und Gewächsen an statt der Buchstaben gebraucht, diese Blum verzeichnet, so oft sie haben deuten wollen menschliche Krankheit.« Vom Opium schreibt er nichts. Davon liest man bei Bock: »Weiters hat man auch von den Magsamen das Opium und Meconium. Das Opium ist aber viel stärker. Wie beides gemacht wird lehrt Dioscorides. Wird aber aus unserem Magsamen nicht bereitet, sondern wird anderswo her und fürnehmlich ex Thebaide, zu uns gebracht, dannhero es Opium Thebaicum genennet würd. Soll sehr behutsam und allein von verständigen Medicis gebraucht werden, wenn andere Artzney nicht helfen wollen.«

Zu Weihnachten und Neujahr werden Mohngebäcke gegessen; ein Brauch, der in vorchristlicher Zeit im Mittelmeerraum auch schon geübt wurde, und an den sich die Erwartung von Reichtum und Fruchtbarkeit, aber auch Gesundheit knüpften. Auch als Liebesorakel konnte ein Mohngebäck tauglich sein. Ein Mädchen brauchte nur ein Stück davon am Heiligen Abend vor die Tür zu werfen und den Hund hinterher zu jagen, so konnte sie erfahren, woher ihr Bräutigam kommen würde, aus der Richtung, in die der Hund sprang. Mohnkörner hinter sich geworfen in der Andreasnacht, zeigen den Liebsten im Traum. Schüttet man einer Braut Mohnsamen in die Schuhe, bleibt sie leider kinderlos. Als antidämonisches Mittel wirken Mohnsamen, weil die Dämonen die Körner zählen müssen, die man ihnen hinwirft, so kommen sie nicht weiter. Dasselbe gilt für Hexen, oder sogar für Vampire, die die Toten heimsuchen wollen. Gegen sie streut man Mohn in den Sarg, und sie zählen und zählen.

Leinensäckchen mit Mohn als »Schnuller« waren auf dem Land verbreitet, machen Kinder dumm, aber brav, weil sie viel schlafen.

Seit dem 16. Jahrhundert heißt die Pflanze auch Ölmagen. Papaver somniferum, die alte Kulturpflanze mit den weißlichen bis hellila Blüten, wurde in Süddeutschland bis zur Mitte unseres Jahrhunderts feldmäßig als Ölfrucht angebaut. Der Rückstand, »Ölmagen«, war Viehfutter. Heute ist aus bekannten Gründen unkontrollierter Anbau verboten.

Als »Unkraut« aus unseren Feldern seit Jahrzehnten vertrieben, jetzt wieder neu an Wegrainen und Autobahnen angesiedelt: Papaver rhoeas, der Feuermohn, der Klatschmohn, aus dem die Kinder Püppchen machen, oder auch »Knaller«, der ebenfalls als Liebesorakel fungierte: Man schlug auf die Blütenblätter, und die Stärke des Knalls zeigte den Grad der Gegenliebe an.

Im Innern der Blüte des Mohns kann man ein Kreuzeszeichen erblicken. Deshalb, und wegen seiner roten Farbe, wird er das Symbol der Passion. Später ist er Zeichen des Eucharist: der Weizen ist Christi Fleisch, der Mohn Christi Blut, die wachsen zusammen auf einem Feld.

Auf dem großen Altarbild Holbeins d.Ä. von der Passion Christi ist eine Mohnblume zu finden in der »Kreuztragung«. Dort sieht man den Mohn rechts unten, zwischen den Beinen eines Kriegsknechts.

Nelke
Dianthus caryophyllus
Abbildung siehe Seite 73

Aus dem griechischen dios und anthos wird Gottes Blume, Dianthos. Ovid erzählt vom Ursprung der Nelke: Diana wird von einem jungen Schäfer auf der Jagd gestört, der mit seiner Schalmei das Wild verjagt hat. Sie reißt ihm empört die Augen aus, läßt sie fallen, erschrocken sieht sie den freundlichen Blick. Kaum haben die Augen den Boden berührt, sprossen Blüten, Abbilder der Augensterne, ein wenig blutig.

Caryophyllus, vom griechischen karyos, Nuß, und phyllon, Blatt, also die Nußblättrige, schien den Griechen nach Nüssen zu riechen. Später brachten Kreuzfahrer Nelken aus Tunis mit. In Italien war ihr Name zu garofano geworden, mit diesem kam sie in unsere Gärten und wurde zur Garoffel und Groffel. Die kleinen wilden Nelkenblüten erinnern an einen Nagel, deshalb hieß sie mittelniederdeutsch negelkin. Alle Namen wie Nagerl, Nelk, Nilk, Nalke und Nelke leiten sich daher.

In einem koptischen Grab hat man einen Reif aus Gewürznelken gefunden, getrocknete Blütenknospen vom Nelkenbaum, Caryophyllus aromaticus, von den Molukken, und in einem Grab aus dem 7. Jahrhundert ein Amulett mit einer solchen Nelke. Man glaubte an ihre antidämonische Wirkung, aber auch an eine Art Immunisierung, so kaute man in Seuchenzeiten Nelken oder trug Ketten aus der Pflanze. Sie wurde sogar von der Kirche sanktioniert und in einer Kräuterweihe um das Jahr 1000 in Rom gesegnet mit der Bekundung, daß alle, die eine Nelke tragen oder essen, himmlischer Abwehrkräfte sicher seien. Selbst die Toten schützt sie, deshalb gab man ihnen in Schwaben eine Zitrone, das Symbol des Todes, mit Nelken besteckt, in die Hand. Noch im 19. Jahrhundert trugen die Soldaten im Elsaß auf ihren Bajonetten derartige Zitronen »gegen Tod und Teufel« in den Kampf.

Paracelsus wollte die Blumen nach ihrem Geist einteilen. Der Geist sei der Duft, da sich im Duft alles konzentriere. In diesem Sinn können Nelke und Gewürznelke zusammengehören, dazu eine dritte, die »Violette« aus Frankreich, unser Goldlack. Ihr verdanken wir Nelkennamen wie: Filitte, Filett, Flette, Viglette und Fioletten. Es ist der Duft, der die Dämonen vertreibt.

Die in Europa wild vorkommende Nelke kam im Anfang des 15. Jahrhunderts zu ihrer Bedeutung. Sie ließ sich in vielen Formen züchten, wurde Modeblume, Gartennelke. Ihre medizinische Wirkung wurde der Gewürznelke gleichgesetzt, und allmählich übernimmt sie deren Stellung und Geltung. Was für die Gewürznelke galt, wurde auf sie übertragen.

Weil der Duft das stärkste Mittel ist, die Erinnerung zu erhalten, wurde sie zum Liebeszauber. Im Volkslied von den zwei Bäumen in des Vaters Garten, »das eine trägt Muskaten, das andre Braunnägelein«, verbindet sich ein herber Duft mit dem anderen. Von der irdischen Liebe zur himmlischen gelangt die Nelke zu Maria, sie wird Marienpflanze, als diese auch verbunden mit Muskat. Konrad von Würzburg nennt Maria »ein karioffelris und eine muschatbluom«, ein Reis von Caryophyllum und eine Muskatblume.

Vom 13. bis ins 16. Jahrhundert ist die Nelke wichtige Heilpflanze. Kaiser Maximilian I. schreibt eigenhändig ein Rezept für einen Heiltrank: » ... wenn einem graust oder die Pestilenz ankombt ...«, brauche man ein Gebräu aus Wein und zerschnittenen Wurzeln der Gebirgsnelke. Schroeder schreibt:»Nägelblümlein, Gartennägelein, besonders die roten Blumen wärmen, trocknen mässig, dienen an Haupt und Herzen. Bei Schwindel, Schlag und schwerer Not und anderen Haupt und Nervenkrankheiten, Ohnmachten und Herzklopfen ... Ziehen die gesplitterten Gebeinlein von der Hirnschale aus, lindern Zahnweh.«

Im Aberglauben war sie wie andere rote Blüten mit Blut verbunden. Aus dem Blut unschuldig Getöteter blühen Blutnelken.

Im 14. und 15. Jahrhundert verfielen besonders reiche Leute der Dianthomanie, dem Nelkenwahn, wie später dem Tulpenfieber oder der Tulpenwut, die im 17. Jahrhundert viele wohlhabende Bürger Hollands ruinierte. Im 16. Jahrhundert führte Karl V. neue Nelken aus Nordafrika nach Deutschland ein. Elisabeth I. bekam die ersten schönen Nelken in England aus Polen. Bei den Bourbonen wetteiferte die Liebe zur Nelke mit der »erblichen« Liebe zur Lilie.

Eintausenddreihundert Arten zählt Sturm zur Unterfamilie der Nelken, davon seien 200 Arten in der deutschen Flora vertreten. Am reichsten blühte sie im Orient. Sie war und ist in orientalischen Ornamenten, auf Kacheln, Stoffen und Gefäßen. Der Sultan hält sie in der Hand. Auch in Europa gibt die Braut sie dem Bräutigam. Der Maler malt sie, womit? Mit natürlichem Nelkenöl. Der italienische Maler Garofalo signierte seine Bilder mit einer Nelke.

Sie ist die Blume der Revolution. Sie wird die Blume des Ersten Mai. Sie war die Blume, die es in der DDR am ehesten zu kaufen gab.

Obwohl die Nelke in der Bibel nicht vorkommt, erklärt eine Überlieferung die rote Nelke aus den Nägeln vom Kreuz Christi. Aus den Tränen Marias erwachsen wilde Nelken.

Die »Madonna mit dem Kind«, ein Hausaltärchen des Hugo van der Goes, ist ein Beispiel für die Beziehung zwi-

schen Nelke und Gewürznelke. Jesus hat eine Nelke mit
sehr kurzem Stiel in der Hand. Auch auf anderen Städel-
bildern werden kurzstielige Nelken in der Hand gehalten, so präsentiert sie Hans Holbeins d. J. »Simon George
of Cornwall« in seiner Rechten, und als kurz gebundenes
Sträußchen erscheinen Nelken im »Bildnis des Herrn
Weiß aus Augsburg« von Hans Holbein d. Ä. In diesen Bildern gelten sie als Verlobungs- und Bräutigamsblumen.
Conrad Faber von Creuznach gibt im »Bildnis der Margarete Stralenberg« dieser eine Nelkenblüte in die Hand.
Das »Bildnis einer Frau« von Bartholomäus Bruyn d. Ä.
zeigt die Dame, eine Nelke haltend, aus der ein Rosma-
rinsproß herausragt. Auf Martin Caldenbachs »Die Heilige Anna Selbdritt« liegen zwei Nelken in Nachbarschaft
von zwei Kornblumen. Ein toskanischer Meister zeigt
bei »Maria mit dem Kind im Rosenhag«, in der Mitte des
Bildes zwischen Maria und Jesus, rosa und rote Nelkenblüten.

Nelkengewächse
Silenoideae
Liedweich, Vexiernelke, Kuckucksnelke
Silene alba, Lychnis coronaria,
Lychnis flos cuculi
Abbildung siehe Seite 74

Silen, der Erzieher und Begleiter des Bacchus, hat er
Pate gestanden bei dieser lebenslustig überschäu-
menden »Großfamilie«? Fünfhundert Arten, der arten-
reichste und umfassendste Verwandtschaftskreis der Silenoideae, jetzt aufgegangen als Caryophylloideae im
Familienklan der Nelkengewächse, der Caryophylla-
ceen. Fries schreibt 1843: »Genus vastissimum undique
ad reliqua radios emittens«, das heißt etwa: eine überaus

Taubenkropf
Silene inflata
Familie: Caryophyllaceae

verheerende Gattung, die überallhin zu den andern Beziehungen unterhält (ausstrahlt). Im selben Jahr sagt Braun: »Die dreiweibrigen Silenen sind ein Chaos.« Damit meint er noch keinen Harem, sondern nur die dreifächrigen Fruchtknoten. Seit die moderne Forschung genetische Kriterien für die Systematik heranzieht, ist alles noch komplizierter.

Die Gattung Melandrium jedenfalls läßt sich für Hegi nicht aufrechterhalten, und Melandrium rubrum und album, die rote und weiße Nachtnelke oder Tagnelke, werden Silene rubra und alba, waren bei Sturm rotes und weißes Liedweich, die sich bis auf die Farbe gleichen, sind bei Hegi Blasenkraut, Berufskräutig (berufen ist bezaubern). Melandrium rubrum hat man Marienröschen genannt, auch rote Taglichtnelke, bis in die Mitte unseres Jahrhunderts. In manchen Gegenden sind die alten Namen noch zu hören, Liedweich oder Gliedweich. Sie machen steife Sehnen und Gelenke wieder biegsam, weich. Die Wurzel des weißen Liedweich wurde, wie die der sehr verwandten Saponaria, als Radix Saponariae, Seifenwurzel, in Apotheken geführt und zur Reinigung von Tuch benutzt.

Die Vexiernelke, Silene coronaria, auch Lychnis tormentosa oder coronaria, konkurrierte im Mittelalter mit der echten Nelke. Sie wuchs in Gärten, wurde aber wegen ihrer Duftlosigkeit von den Gartennelken der Gattung Dianthus verdrängt. Verwildert und verschleppt, hat sie sich in Süddeutschland ausgebreitet. Der aus dem Griechischen abgeleitete Name Lychnis bedeutet Lampe. Aus ihren filzig behaarten Blättern wurden im Altertum Lampendochte »hergestellt«. Vexiernelke soll sie heißen, weil die fünf spitzen Zähnchen in der Blüte stechen, wenn die Nase einen Duft sucht, den es nicht gibt. Im 15. Jahrhundert war sie das Oculus Christi, das Christusauge. Dann tauchte sie nach langem Vergessen-

Kuckucksnelke
Silene Cuculi
Familie: Cavyophyllaceae

a) Pflanze, verkl.; b) aufgesprungene Frucht, verkl.;
c) dieselbe aufgeschnitten; d) Samen, vergr.

sein im 16. Jahrhundert wieder auf bei Matthioli als Lychnis coronaria und bei Tabernaemontanus als Lychnis flos Jovis. Die haarigen Blätter gaben ihr in den Kräuterbüchern jener Zeit und im Volk Namen wie Sammetrose, Sammetnelke, Sammetvöglin und Schlafohr. Dann hieß sie auch Marienrose und Kranzrade. Ihr Saft wurde zur Heilung von Augengeschwüren gebraucht. Mit Melandrium rubrum und Lychnis diurnum wurde sie immer verwechselt.

Silene cuculi oder Lychnis flos cuculi und Coronaria flos cuculi, die Kuckucksnelke, hat die geschlitzten Blütenblätter. Sie ist die Gauchblume, die Gauchnelke, der Kuckucksspeichel, und ihr werden eher negative Eigenschaften nachgesagt. Schlitzblom, Zottelnägeli, Flatterhosen, Votzelnägeli, Füerflämmli, Geckerli sagen das deutlich. Das Sinnbild der Wollust und Geilheit hat den Namen vom Kuckuck, dem »Ehebrecher« unter den Vögeln. Aigremont nennt die Gauchblume den elften Finger an Marias Hand, das ist der Penis. In ganz anderer Bedeutung wird sie aber Herrgottblut, Christi Bluat und Blutblume genannt.

Schon Hieronymus Bock stellt alle diese Pflanzen in Gruppen vor. »Von Grasblumen oder Negelein« schreibt er: »Die lieben Grasblumen seind der reichen Leut Kurzweil, nicht allein an der Gestalt schön, sondern auch am Geruch lieblich, in viel Wege nützlich zu brauchen ... ist gut zur Zeit der Pestilenz, dienet wider gifftige Thier Biss und Stich, tödt die Bauchwürmer, ist heilsam für Schwachheiten, Herzklopfen und Zittern, Schwindel, Schlag fallende Sucht, Mutterwehe, stillet das stätig Erbrechen und schärft das Gesicht wunderbarlich. Etliche machen Conserva Zucker aus diesen edlen Blumen, ist ein anmütiger Zucker, fast kräfftig zu schwachen Hertzen ... Das ander Geschlecht mit den gefiederten Blättlein nennet man an etlichen Orten Mutwillen und Hochmut, zu Latein superbam.« Das ist Lychnis flos cuculi. An anderer Stelle liest man »Lydweich und Lychnis, die zwo zusammen nennt man Märgen Rößlein, Rosa Mariana«. Bock bildet »Märgenrößlein und Groß Raden«, die Kornrade, zusammen ab.

Im »Paradiesgärtlein« blühen zwei Pflanzen der roten Tagnelke links neben Marias Kopf auf dem Hochbeet vor der weißen Mauer. Zwischen Maiglöckchen und Löwenzahn findet man ein Nelkengewächs mit roten Blüten in der Wiese, auf der die »Heilige Veronica« des Meisters von Flemalle steht. Eine einzelne Blüte der Vexiernelke sieht man rechts über der Veilchenpflanze im Bildnis von »Maria lactans« desselben Meisters. Rogier van der Weyden läßt in der »Medici-Madonna« Lychnis coronaria oder Lychnis flos cuculi vor der Stufe als zweite Pflanze links neben dem Krug sehen. In der »Geschichte Johannes des Täufers«, nach Rogier van der Weyden, gibt es in der mittleren Tafel, vor der linken Säule, eine Silene, vielleicht ein Taubenkropf, am rechten Fuß des Täufers. Ein Nürnberger Meister hat, als einzige Pflanze, in der Mitteltafel seines Triptychons von der »Aufrichtung des Kreuzes« ein weißblühendes Gewächs dargestellt, in dem ein Melandrium oder eine andere Silenoide vermutet werden kann. Martin Caldenbach hat in seinen beiden Bildern, der »Heilgen Anna Selbdritt« und der »Darbringung Christi im Tempel«, zweimal dieselbe Blüte gemalt, die rotblühend der Typ eines Nelkengewächses, das alte »Märgenröslein«, oder aber eine Levkojenart sein kann (siehe Goldlack). Sie liegt zwischen den anderen »Streublumen« auf den Stufen im Vordergrund.

Nelkenwurz, Benediktenkraut
Geum urbanum
Abbildung siehe Seite 75

Ungewiß ist, ob der von Plinius gegebene Name »geum« vom griechischen geuein, kosten, würzen, abgeleitet werden kann. Geum urbanum, die echte Nelkenwurz, kommt jedenfalls häufig in der Umgebung von Siedlungen vor und hat daher den Artnamen urbanum, vom lateinischen urbs, die Stadt. Ursprünglich ist sie eine weitverbreitete Waldpflanze, die mit ihren klettenartigen Früchtchen, die an Tieren und Kleidern hängenbleiben, in der verstädterten Welt herumkam. Dafür gibt es viel später die Volksnamen Igelkraut und Igelköppe.

Benedicta und Sanamunda, das ist heilige und reinige, sagt die Heilige Hildegard von der Pflanze. Caryophyllata urbana hieß sie als »echte Nelkenwurz«. Verkürzt in »Garoffel« ist dieser Name noch zu hören. Sie gehört aber keineswegs zu den Nelken, sondern zu den Rosengewächsen, heißt Nelkenwurz, weil ihr Wurzelstock nach Gewürznelken duftet. »Benedicta gleicht zu Teil dem Odermennig, zu Teil dem Hasenfuß. Seine Wurzel, wenn man sie grabet im Mertzen, so schmeckt sie wie Negelin, und daher ist ihr auch der Name Garyophyllata«, steht in Brunfels' Kräuterbuch, und bei Hieronymus Bock liest man: »Sie zanken sich heftig, wo die Wurzel hingehört oder was doch ihr Nam im Dioscoride sey. Die Wurzel lasst sich ansehen, als wer sie abgebissen. Inwendig etwas rothfarb, bringet alle Jahr einen neuen Stengel neben dem alten, der den Winter verdorrt ist. Und je älter die Wurtzel, desto stärker sie wird in ihrem Geruch und Krafft, gehört billich zu den wohlriechenden Wurtzeln.«

Benediktenkraut, Heil aller Welt, Heil aller Schäden,

Nardenwurzel, Teufelsabbiß und Heilnarsch, in manchen Gegenden auch Blutwurz, so nennt man die Pflanze bis heute. Die beiden letzten Namen hat sie mit dem Tormentill gemeinsam, mit dem sie sehr leicht verwechselt wird.

»Die abscheulich ungeschaffenen Muttermal, oder Anmal soll man oft damit weschen in der Kindheit, so vergehen sie. Dies Kraut getrunken reiniget auch die Brust, und die Leber, und stärkt das Herz, von wegen seiner Aromaticitet«, so Brunfels. Als Aromaticum und Tonicum heilt »Rhizoma Gei urbani« Kopf- und Zahnschmerzen, Scrophulose, Stoffwechselstörungen, Schleimfluß, Durchfall, Ruhr, Erbrechen, Malaria (Ersatz für Chinarinde) und Syphilis. Ihr Pulver desinfiziert Wunden, ein Mundwasser heilt Mundfäule und beseitigt schlechten Geruch.

Die Heilige Hildegard hält einen Trank von Benedicta für tüchtig, »Liebe zu entflammen«. Dafür gibt man dem Kraut den Namen »Manneskraft«. Ein »Malefizpulver« gegen Hexen enthält auch das Mehl aus Benediktenwurzel. Ein Kräuterbündelchen der Pflanze auf die Augen von Mensch und Vieh gelegt, beseitigt Flecken und Entzündungen in diesen, wenn man es später hinter sich wirft, in fließendes Wasser.

Die Heilpflanze, die in ihren Namen »Benedictenkraut«, also gesegnetes Kraut, und »Heil aller Welt«, über die körperliche Wohlfahrt hinaus eine Errettung verspricht, finden wir in der »Geschichte Johannes des Täufers«, nach Rogier van der Weyden. Vor der Säule rechts im rechten Flügel, der die Enthauptung des Heiligen zeigt, steht die Nelkenwurz neben dem Ehrenpreis. Eine große Staude der Pflanze ist zu sehen in der »Beweinung Christi«, nach Dirk Bouts, in der rechten unteren Ecke des Bildes. Der Altar des Meisters von Frankfurt »Die Kreuzigung Christi« zeigt das Benediktenkraut am linken Rand der Mitteltafel.

Odermennig
Agrimonia Eupatoria
Abbildung siehe Seite 76

Der Name Odermennig, auch Ackermennig im Volksmund, wird als Entstellung von Agrimonia angesehen, was wiederum eine Verstümmelung aus argemone, lateinisch argemonia, war. Argema war ein Augenleiden, das mit einer Pflanze argemonion behandelt wurde. Wahrscheinlich sei das aber ein ganz anderes Kraut gewesen.

Minerva, die den heiligen Quellen bei Thermopylae Heilkraft gab und die den Schlangenstab der Heilenden in Händen hatte, ist verbunden mit Agrimonia. Sagt Plinius und berichtet vom Gegengifte »Mithridat«, ein Kompositum, in dem das Kraut enthalten ist, dem Wundermittel des Mithridates, Eupator von Pontus im nördlichen Kleinasien. So hieß die Pflanze im Altertum auch »Eupatorios«. Ein gewisses königliches Ansehen hat sie behalten, der Eupator war ja der Edelgeborene. Aus Eupatorium entstand ein Hepatorium, und die Nachwelt fragte sich: verballhornt? Oder weil man es gegen Leberleiden brauchte? Schon möglich, beides.

Im Klostergarten der Insel Reichenau wuchs Odermennig im 9. Jahrhundert, und der Abt Walahfrid Strabo hat ihn als eine der Pflanzen seines Lehrgedichts »Hortulus« beschrieben: »Leicht erkennet man auch hier in Reihen zierlich geordnet, Sarcocolla«, das Heilkraut gegen Magenschmerz und Stichwunden, vom »feindlichen Messer« zugefügt. Bei Strabo heißt es also Sarkokolla vom griechischen sarx, das Fleisch, und kolla, der Leim, latinisiert Sarcocolla. Odermennig leimt somit das Fleisch zusammen.

Synonyme in Herbarien, Glossaren und Kräuterbü-

chern sind zahlreich. Concordia, armorica, bibena, je-
robathanum, anterion, guxas, gesis, appana, feraria minor.

In den Apotheken hieß die Pflanze Lappula hepatica,
wegen ihrer hakig gekrümmten Borsten der Früchte, die
sich ankletten. Den Namen Leberklette gibt es heute
noch.

Die Heilige Hildegard und Albertus Magnus nennen
das Kraut Agrimonia. Seit dem 13. Jahrhundert wurde
der Name verdeutscht. Das Unverständliche soll Sinn
bekommen: aus Agrimonia wird Adermeng, Odermenie,
später Odermennig, ein ebenfalls unverdauliches Wort.
Aber fort geht es in deutschen Regionen mit Oderloß-
männel, Adermenneken, Ottermännchen, Ackermännli,
Haldemännle, Hagemonde Akmund, Ottermönch, Ohre-
männche und andere. Anlehnungen an Ader, Otter, Ak-
ker, Halde, Hag, Mund, Mönch, Ohr und Männchen.

Hieronymus Bock hält die Pflanze für »das fürnembst
Kraut der Alten zu allen verstopften Leberen ... auch
verruckte Spannadern bringt es wieder zurecht, dient
der Verrenkung der Glieder, Mundversehrung, Müde,
Biß giftiger Tiere, ungeschickten Mälern, hilft gegen
Darmgegicht, Kalten Seich, Husten, Gilb (Gelbsucht),
Fieber und Würm.«

Odermennig ist wegen seiner gelben Blüten auch in
der Volksmedizin als Mittel gegen Leberleiden und
Gelbsucht geschätzt gewesen. Als Sympathiemittel gegen Leibschmerzen soll er donnerstags gesammelt werden bei abnehmendem Mond. Gegen Blutflüsse kann
man Agrimonia in Händen tragen. Heilsglaube und
Aberglaube verbinden sich zu den Rezepten für die
menschliche Gesundheit und die tierische Wohlfahrt.
Geile Pferde werden zahm und züchtig, wenn man ihnen
das Kraut um den Hals bindet. Ochsen hängt man es an
die Hörner. Zu Ostern hilft es Rössern gegen den Wurm.

Mit Eisenkraut zusammen ist es ein Liebesmittel. Als Ernteorakel gilt: Blüht die Pflanze zuerst oben am Stengel, muß man früh säen, biüht sie in der Mitte am dichtesten, etwas später, und späte Saat empfiehlt sich, wenn sie unten üppig blüht.

Odermennig, die große Heilpflanze, bekommt den schönen Beinamen »Heil aller Welt«. Den tragen auch andere Kräuter, sie hat ihn nicht allein. In der Wiese der »Heiligen Veronica« des Meisters von Flemalle steht sie zwischen Lungenkraut und Boretsch. Ihr aufrechter gelber Blütenstand ist, vor dem roten Mantel der Heiligen, besonders hervorgehoben. Blätter der Pflanze und weniger auffällige Blüten findet man an den seitlichen Bildrändern.

Pfingstrose, Gichtrose
Paeonia officinalis
Ohne Abbildung in »Sturms Flora«

Die altmakedonische Landschaft Paionia soll das Land sein, in dem die Pflanze ihren Ursprung hat. Paeon, der Arzt der Götter, ist er selbst Apoll? Apollo paeonios heilt Pluto mit einer Pflanze, heißt es in der Ilias. War es die Paeonie? Plinius nennt sie die Blume Apolls, mit der dieser die Götter im Trojanischen Krieg heilte.

Mehr noch als ihre medizinische Wirkung waren im Altertum die antidämonischen Kräfte der Wurzel und der Samen gefragt. Sie vertrieben das Alpdrücken, Gespenster und Nachtmahre. Dazu Brunfels: »Und spricht Plinius, desgleichen Theophrastus, wann sie diese Wurzel haben wöllen graben, so musst es bei Nacht geschehen, etlicher Gefährlichkeiten halben die sie bei Tag hätten müssen darüber bestehen, von wegen des Spechtes, Pici Martii genannt, dieser sticht nämlich bei Helligkeit dem Menschen die Augen aus.« Über die »Peonien Rosen oder Künigsblum« schreibt Bock: »Larven und Lemuren können nicht mehr vor den Augen herumgaukkeln, wenn man die weiße Wurzel gräbt. Wider Alp und Nacht Schrättle, das ist ein Fantasey, so den Menschen im Schlaf druckt, dass er nicht reden noch sich recken kann.« Sie war die Zauberpflanze gegen Verhexung, gegen Gift und gegen Furcht.

Halsbänder und Amulette aus Wurzelstücken waren das gegebene Mittel für beste Wirkung. Säckchen mit Samen, »Schreckkörner« für Kinder gegen nächtliche Schrecken, »Fraisperlen« gegen Fraisen, Gichter oder schmerzhaftes Zahnen. Die Gichtrosenwurzeln, im Altertum der Cybele, der Helferin bei Kinderkrankheiten, zugedacht, wurden auch später hauptsächlich für Kinder und Frauenkrankheiten gebraucht. Aus ihrem griechischen Namen, der denselben Stamm hat, wie pais, das Kind, wird ihre Bedeutung als Schutz und Heil für Kinder angenommen. Ins erste Badewasser eines Neugeborenen wurde ein Gichtrosenstengel gelegt, und auch ins Tragkissen steckte man ihn.

Hildegard von Bingen sagte: »und wenn der Mensch den Verstand verliert, tauche Paeonienkörner in Honig und lege sie ihm auf die Zunge, so steigen die Kräfte der Paeonie zu seinem Gehirn hinauf und erregen ihn, so daß er schnell wieder zu Verstand kommt und der Geist wiederkehrt.« In der Volksheilkunde gibt es vielerlei Anweisungen, so, daß ein Rauch aus den Samen für die Besessenen gut sei.

In den Kräuterbüchern von Megenberg bis Schroeder wurden eine männliche und eine weibliche Pflanze unterschieden. Johannes Hartlieb schreibt: »die kreuter payde, sy und er, haben gar rote pluem, dy pringt es under einer deck ... und des krautes frucht sey gut für dy gayst, die do pey den frawen slaffen in die weiß aines mannes, die zu latein incubi hayssent.« So liest man es wörtlich auch bei Megenberg.

Hocus pocus incubus.

Die Gattung Paeonia hat in Hegis »Flora« etwa 25 Arten in der nördlichen Hemisphäre, ihr Mannigfaltigkeits-Zentrum ist das Mittelmeergebiet und das gemäßigte Asien. Paeonia officinalis ist selten, wild in Südtirol, Istrien, im südlichen Tessin und Böhmen, sonst verbreitet in Gärten. Die Inhaltsstoffe sind gut untersucht. In China wird heute die blutdrucksenkende Wirkung der Wurzelrinde genutzt. Rasch getrocknete Blütenblätter bewahren die Farbe und werden zu Räucherpulver, Husten- und Räuchertees, sowie zu Hustensirup verwandt.

Vom griechisch-lateinischen Namen abgeleitet, gibt es entstellte oder umgedeutete Volksnamen: Pione, Punninig, Bonninning, Botenarosen, Batunje, Putthennchen, Bordonnerrosen, Papunken. Dazu zahlreiche andere Namen, wie Maknudel, Feuerrose, Gickerose, Stinkrosen, Pumprose, Blutrose. Als Altarschmuck heißt die Päonie Kirchenrose, Herrgottsblume, Muttergottesrose.

Die Pflanze des Apollo, dem Spender des Lichts, wird zur Blume Christi, dem Spender des Himmlischen Lichts. In der christlichen Symbolik wird sie eine Pflanze des Heils. Nach Agricola ist sie Symbol der Keuschheit. Oft wird sie toten Kindern beigegeben. Endlich ist sie die Rose des Heiligen Georg und St. Valentins Kraut.

Ein großer Pfingstrosenbusch hat im »Paradiesgärtlein« am unteren Bildrand, als Muttergottesrose, seinen Platz in der Mitte. Daneben liegt auf der rechten Seite der kleine tote Drache.

Ringelblume
Calendula officinalis
Abbildung siehe Seite 77

Sie hatte viele Namen. Einige davon trugen auch andere Pflanzen, das gab Anlaß zu Verwechslungen und führte zu Verwirrung. Ihr lateinischer Name kommt von Calendae, das ist der erste Tag des Monats, kann aber auch den ganzen Monat bedeuten. Da die Ringelblume im Tagesrhythmus ihre Blüten morgens öffnet und abends schließt, also dem Sonnenlauf folgt, wurde sie als eine »Kalenderblume« angesehen. Diese Eigenschaft, die Photonastie, teilt Calendula mit vielen Korbblütlern. Daher hatte sie auch im Altertum dieselben Namen wie der Löwenzahn und die Wegwarte. Sie wurden alle drei Heliotropium, solsequium oder sponsa solis genannt, also: die sich der Sonne zuwenden, ihrem Lauf folgen.

Im »Buch der Natur« von Konrad von Megenberg werden die drei Pflanzen noch immer unter dem Namen solsequium, sponsa solis beschrieben, das einmal von »plavar farb«, die Wegwarte, aber auch von »gelvar farb«, Ringelblume und Löwenzahn, sei. Der Domherr zu Regensburg hat in der Mitte des 14. Jahrhunderts mehr Glossare studiert und weniger in der Natur gesehen.

Bereits im 12. Jahrhundert kannte Hildegard von Bingen das Kraut und nannte es »ringula«. Von der Bedeutung dieses Namens sagt Hieronymus Bock: » ... so will ich doch des teutschen Namens gewiß sein, welchen man augenscheinlich an der Blumen, sonderlich am Samen möcht abnehmen, dieweil er sich so ringsumher ringt und krümpt, hat es den Namen Ringelblumen billich. Trägt auch den Namen Capitis Monachi, weil, wenn die Blättlein an der Blumen abgefallen ein runder Mönchskopf daraus wird. Dieser Titul gebührt ansonsten eigentlich Taraxaco oder Denti Leoni. Etliche nennen das Gewächs Veruccariam, vielleicht darum, weil es Warzen vertreibt.« Brunfels läßt verlauten: »Ein sonderlich Experiment nach der Geburt das Bürdlein der Frauen zu treiben. So dörr dise Blumen und Blätter, behalts, und nach Entledigung wo das Bürdlein nit folgen will, zünd solch gedörrt Kraut und Blumen mit Wachslichtlein an, und lass den Dampf unten hinauf zu ihr, ist bewährt.«

Eine Heilpflanze – offizinell. Johannes Schroeder stellt sie vor: »Calendula officinalis, diese hat man in Apotheken ... Blumen stärken Herzen und Leber, trocknen im zweiten Grad, besonders wenn sie dürre sein, eröffnen, zerteilen, treiben den Monatsfluß und die Geburt. Treiben Schweiß, sollen gegen Gift dienen, die Geelsucht heilen. Sie widerstehen wegen ihrer sonderbaren Kraft der Pest. Bei bösen Fiebern Ringelblumenessig auf Puls, Fußsohle, Schläfe schlagen und vor die Nase halten. Den Samen gibt man am 4. tägigen Fieber. Füllet das Haupt voller Dämpf. Kraut kühlt, trocknet, tauget vor Brand und Ohrenweh (das von Verstopfung und Würmern herrührt), wenn man den Saft darein tropfen läßt. Brühlein mit Butter und Bier aus Samen gegen Kindsblattern.«

In der Volksmedizin ist sie wie Arnika ein Wundmittel. Als »Gilgenkraut« hilft sie gegen Krebsleiden. Die gelbe Blüte – ein Mittel gegen Gelbsucht, weil Ähnliches mit Ähnlichem geheilt wird. Justinus Kerner schreibt in der »Seherin von Prevorst«, daß der Geruch der Ringelblume gegen Kopfschmerzen hilfreich sei. Eine Nachricht, die für Marzell und andere wichtig war.

Sie riecht? Sie stinkt, sagt Dr. Aigremont, und zwar nach Menstruationsblut. Sie wirkt auf Menstruation und Wochenfluß, soll auch abgestorbene *und* lebende Frucht abtreiben. Dazu reizt sie zum Nießen. Avicenna meinte, schon »riechen und nießen« führen zur Fehlgeburt.

Als Liebeszauber muß man die Wurzel der Ringelblume in einem violetten Taschentuch bei sich haben.
Auch kann ein Mädchen Ringelblumen auf die Spur ihres Burschen pflanzen, dann welken sie nicht eher, als er
bei ihr war. Zu Liebesorakeln ist die Blume gut und für
Liebeszwang. In Frankreich werden Männer, die Ringelblumen mögen, zum Hahnrei. Cocu – Hahnrei – ist ihr
französischer Volksname.

Es ist die Farbe der Eifersucht, das Gelb. Das gibt ihr
Namen wie Gilke, Gölling, Goltje. In vielen Gegenden ist
sie die Totenblume. Aber sie ist auch die Goldblume. In
England und Amerika heißt sie bis heute Marygold. Und
damit sind wir bei Maria.

In der von Behling zitierten niederländischen Marien-
hymne aus dem 14. Jahrhundert liest man: »God gruet di
... goltbloem, alder werlt troest, dat bistu edele maghet
vrie, help ons, dat wi werden verloest ... ave maria.«

So blüht die Ringelblume zwischen den Blumen, die
der Meister von Flemalle der »Maria lactans« unterge-
breitet hat, als Symbol des Heils, der Hilfe und der Erlösung. Sie steht in der Mitte der Wiese, ihre Blüte hebt sich
deutlich von einem Zipfel des weißen Mantels ab.

Rose
Rosa canina, Hundsrose, Heckenrose
Rosa centifolia, Zentifolie und andere Rosen
Abbildung siehe Seite 78

Das griechische rhodon, ursprünglich äolisch vro-
don, wie noch bei Sappho zu lesen, das lateinische
rosa, das germanische ros, das keltische roschaill und
das slawische roza kommen aus demselben indogerma-
nischen Stamm »vrod« oder »vard«; eine Ableitung sei
aber auch aus dem griechischen rhiza, Wurzel, denkbar.

In chaldäisch vrad, arabisch warda und koptisch ourt, werd und selbst in Sanskrit »vrad«, das darin zart, biegsam bedeutet, findet man den gleichen Ursprung des Namens. Er zeigt die Verbreitung der Pflanze in frühester Zeit an.

In einem Fresko auf Kreta fand man eine stilisierte Rose, es entstand im 16. Jahrhundert vor Christus. In Amerika stieß man auf fossile Rosenreste aus dem Eozän, das war vor mehr als 30 Millionen Jahren, die Funde sind der chinesischen Rose ähnlicher als der nordamerikanischen von heute. In geschichtlicher Zeit kam sie von Persien, mit seinen rosenduftenden Städten, nach Babylon. Über Phrygien, Thrakien, Mazedonien gelangt sie nach Griechenland und Italien. Aber überall, bis hinauf zum 70. Breitengrad, gab es auch einheimische, wilde Sorten. Das waren bei uns die »Heckenrosen«.

Doch an der Heckenrose waren ja zunächst nicht die Rosen das Wichtige. In unserem germanischen Waldland gehörte sie zum Gestrüpp, zu den später so genannten spinae, den Dornsträuchern. Sie hieß dann Hagedorn, wichhagen, weithagen, hyffa, hiefeltra, tribulus, bedegar, handorn.

Diese Pflanze war der Frigga geweiht. Um den heiligen Hain wuchs der Rosenhag. Loki, der zwielichtige Gott in der Gesellschaft der Asen, hat die winterliche Erde zum Rosenlachen gebracht, und wenn die Wintergöttin lachte, schmolzen Eis und Schnee. Der Dornbusch der wilden Rose ist das Feuer, das Loki, wie Prometheus, zur Vollendung der Welt, aber auch zu ihrem Untergang holte. Sie blühte in der Unterwelt und an den oberirdischen Opferstätten. Elfen und Geister wohnten unter Rosensträuchern, verzauberten und betörten Menschen. Aber Hexen fürchten sich vor der Rose, wagen nicht, sie zu brechen, und die roten Hagebuttenfrüchte schützen vor Zauber, auch vor Blitz und Gewitter. Der Werwolf verliert bei Berührung mit der Rose sein Zottelhaar und wird Mensch. Blüht sie zweimal im Jahr, ist der Weltuntergang nahe.

Die Vorstellungen der nordischen Sagenwelt von Verletzung, Blut und Gefahr, vom bleichen Tod, aber auch von Schutz und Sicherheit, setzten sich im Mittelalter fort. Die blutigen Wunden hießen Röslein, und »Laurins Rosengarten« ist das wirkliche Schlachtfeld. Selbst die Turniere in der späten Ritterzeit fanden im »Rosengarten« statt. Bis »Dornröschen« als Märchen erscheint. Da spätestens kommt auch im Norden die Liebe ins Spiel, da ist es eine andere Rose.

Die Rose im Süden, die Centifolie, mit den »hundert« Blütenblättern, ist Rosa centifolia, die Provencerose. Sie wird als Varietät der Zuckerrose, Rosa gallica, vermutet. Wir dringen nicht weiter in die hybriden Verwandtschaften ein, sagen nur *die* Rose. Sie ist in der Antike dem Eros geweiht. Die Mythologie ihres Ursprungs ist vielfältig. Ihre früher weißen Blüten wurden rot, als Aphrodite dem verwundeten Adonis zu Hilfe kam, sich den Fuß an einem Rosenstrauch verletzte und ihr Blut die Blüten färbte. Flora kommt als Namensgeberin in Betracht: Amor, dessen Liebe sie verschmäht, trifft sie mit seinem Pfeil. Sie will »Eros!« rufen, haucht errötend »Ros«, und vor sich läßt sie die neue Blume entstehen, deren Name Sehnsucht und Verlangen bedeutet. Auch Cupido soll die Rose geschaffen haben, als er beim Göttermahl Nektar verschüttete, aus dem die Rose wurde. Seitdem sieht man die Götter im Olymp mit Rosen bekränzt, und mit ihnen die Dienerinnen der Venus. Hebe, die Göttin der Jugend und Mundschenkin, Ganymed, der dasselbe Amt hatte, Erato, die Muse der erotischen Gesänge, und Thalia, ihre heitere Schwester, und natürlich Dionysos waren mit Rosen geschmückt. Für Anakreon ist die Rose die Freude der Götter und Menschen und die Freundin aller

Musen, Zierde der Grazien und rotwangigen Nymphen. Aurora öffnet die Pforten des Tages, und der Himmel ist mit Rosen bestreut.

Sie ist die Blume, in der Vorstellungen von Paradiesgärten und Märchengärten wach werden. Sie ist die »Lieblingin« der Poeten, nicht nur der Götter. Homer habe sie nur vom Hörensagen gekannt und hat ihr doch die Bedeutung des unerhört Schönen zugeschrieben. Gül und Bülbül, die Rose und die Nachtigall, in der türkischen Rosen-Lyrik des Dichters Fasli, Gül und Bülbül, diesen zärtlichen Wohllaut kann man stellvertretend für alle Rosengedichte hierhin setzen.

Rosen über Rosen im alten Rom. Man züchtet sie, man bekränzt sich: Jungfrauen und Jünglinge, Krieger und Sieger im Krieg und im Wettkampf, und die Teilnehmer der Gastmähler. Die Gäste lagern auf Rosenblättern, trinken mit Rosen parfümierten Wein, essen Rosenpudding und Rosenpastete. Kleopatra läßt Schiffe, voll mit Rosen beladen, nach Rom kommen. Rosenduft erfüllt die Straßen der Stadt. Antiker Smog.

Die frühen Christen verabscheuten den Rosenkult der Römer. Bis sie mit den Rosendornen die Dornenkrone Christi in Verbindung brachten. Die fünf Petalen der Blüte wurden mit den fünf Wunden am Kreuz gedeutet. Die Rose wurde zum Sinnbild Christi und zur Blume des Paradieses. Die Rosa mystica, die geheimnisvolle Rose, die geistige Rose, wird im Mittelalter der Maria geweiht. Im Paradies war die Rose dornenlos, sie steht für Marias unbefleckte Empfängnis und symbolisiert die reine Jungfrau. Die weißen Rosen bedeuten die Freuden Marias, während die rote Rose die Bedeutung ihrer Schmerzen annimmt. Dies ist eingegangen in die Gebete und Geheimnisse des Rosariums, des Rosenkranzes. Eine große Zahl von christlichen Mythen über die Entstehung der Rose und Geschichten von Rosenwundern kommen aus dem Mittelalter und seinen religiösen Vorstellungen. Die Rose ist das Sinnbild der Unsterblichkeit der Seele und der Sterblichkeit des Körpers.

Ihre fünf Kelchblätter verweisen auf das Pentagramm. Am Beichtstuhl ist sie als Symbol der Verschwiegenheit angebracht, das sie schon in der Antike war. Da gebot sie den Liebenden, ihre Geheimnisse zu bewahren, »fest beschlossen in tausend Blütenblättern«. Auch die um Weinbecher gewundene Rosengirlande war eine Mahnung, sich die Zunge nicht vom Wein lösen zu lassen. Noch bis ins 19. Jahrhundert erinnern in Sälen der Freimaurer und in Ratskellern, wie in Bremen, Rosen an der Decke an die Pflicht zur Verschwiegenheit. »Sub rosa« vertraute man dem Freund an, was Stillschweigen forderte.

In der profanen Welt wird die Rose zum Symbol des Weibes, mit allen bekannten Folgerungen und Items. Die Beziehungen zu Eros wie zu Blut bestehen zu allen Zeiten. Der Aberglaube bemächtigt sich selbst der Rosenkönigin, sie wird zu Liebesorakel und Blumensprache mißbraucht. Sie liefert Schönheitsmittel und Düfte. Sie ist Heilmittel für die »Weiberrose« oder »Monatsrose« der Frau.

Als Emblem und Wappenblume steht sie kaum der Lilie nach. Sie trägt ihren Namen und ihre Farben zu den Rosenkriegen zwischen den Häusern York und Lancaster, die weiße und die rote Rose. Die Lutherrose. Die Lippesche Rose.

»Weltweit« zeigt sie uns als Kompaßrose die Himmelsrichtungen und als Windrose, woher der Wind weht.

Rosa centifolia, Rosa gallica und Rosa chinensis wurden im 19. Jahrhundert zu Tausenden verschiedener Rosensträucher gezüchtet. Allein in den Jardins du Luxembourg in Paris wuchsen 2000 Sorten. Kassel, die Pfaueninsel, Charlottenhof bei Potsdam und andere berühmte Rosengärten wurden angelegt. Alle Rosensorten bekamen Namen, oft nach Tagesberühmtheiten, und Preisgerichte wählen jährlich, bis heute, die schönsten Neuerscheinungen.

Am Ende eine kleine botanische »Spitzfindigkeit«: Dornen, sagen die Botaniker, gibt es nicht bei Rosen, die haben zum Beispiel die Kakteen und die Disteln, Dornen sind umgewandelte Blattanlagen. Rosen dagegen sind mit Stacheln bewehrt, Emergenzen, Gebilde der Epidermis und deren unteren Schichten. Maria durch den Stachelwald geht? Unpassend.

Im »Paradiesgärtlein« blüht der rote Rosenbusch unter dem Kirschbaum am linken Bildrand. Die »Madonna mit dem Heiligen Hieronymus und dem Heiligen Franz von Assisi« von Petrus Christus hält eine rote Rose in der Hand. Ein toskanischer Meister malt »Maria mit dem Kind im Rosenhag«, in einer Hecke aus roten, rosa und weißen Rosen. Martin Caldenbach hat in der »Darbringung Christi im Tempel« eine weiße Rosenblüte auf die Stufe gelegt, zwischen Maria und den Priester. In seinem Bild die »Heilige Anna Selbdritt« gibt es eine rote und eine weiße Rosenblüte, dazu zwei Heckenrosen, eine rot, die andere rosa. Sie sind mit anderen Blumen auf der Stufe verstreut.

Salbei
Salvia officinalis

Das Kräutlein wider den Tod. Salvare, lateinisch, gesund sein, sich wohl befinden, auch gerettet, heil, unversehrt sein, gibt der Pflanze den Namen. Theophrast und Dioskurides nannten es elelisphakon, das griechische sphakos hat dieselbe Bedeutung wie salvia. Noch im »Gart der Gesundheit« wird es außer saluay auch elifagus genannt. In einigen Glossaren liest man ambrosia oder ambrosiana. Albertus Magnus sagt »Ambrosia der Götter«, weil diese durch Salbeigenuß unsterblich geworden seien.

Im »Capitulare« Karls des Großen ist die Pflanze registriert, und seit dem Mittelalter ist sie Symbol der Errettung und des Heils. Walahfrid Strabo beginnt seinen »Hortulus« mit ihr: »Der Salbei leuchtet an erster Stelle hervor, lieblich im Geruch, bedeutend an Kraft und nützlich als Trank; hilfreich ist er befunden in den meisten Krankheiten der Menschen und hat es verdient, sich stets einer grünen Jugend zu erfreuen«. Althochdeutsch hieß er salbeia, ein Lehnwort aus Salvia. Hildegard von Bingen nennt ihn verdeutscht selba, Megenberg sagt salvei.

Im 14. Jahrhundert ist in den Merkversen der »Schola salernita« zu lesen: »Warum soll der Mensch sterben, wenn Salbei im Garten wächst?« Da gibt es dann freilich die Antwort: »Gegen den Tod ist kein Kräutlein im Garten gewachsen«. Es folgt die Aufzählung seiner Heilkräfte und der Schluß: »Salvia, Retterin und Kupplerin der Natur«. Hieronymus Bock meint vom Salbei, er diene dem Arzt, dem Koch, dem Keller, Armen und Reichen. Besonders aber denjenigen Armen, die »nit gen Frankfurt und Venedig zu fahren haben, von denen es billich in gärten als die edelst Teutsch wurtz gepflantzt soll werden«. Brunfels geht viel, viel weiter: »Salbei hat ihren Namen daher, im Latein, das sei gesund und vielen Krankheiten dienstlich, und nämlich durch die Zeugung der Kinder menschlich Geschlecht zu erhalten«. Wir lesen in den Historien, »als uff ein Zeit viel Mann mit Todt abgangen, durch die greuliche Morderey, die Pestilenz in Egyptenland, und derhalben grosser Mangel war, sind dazumal die Weiber gezwungen worden, das Saft von diesem Kraut zu gebrauchen, damit sie dester geschickter wurden zu empfangen.«

Die Gattung Salvia gehört in die Familie der Labiaten, zusammen mit den Heilpflanzen und sogenannten Würzpflanzen, Rosmarin, Basilikum, Melisse, Lavendel und anderen. Dem Salbei widmen sich die Kräuterbücher ausführlich. Im 17. Jahrhundert erschien ein mehr als 400 Seiten umfassendes Werk »Sacra herba seu nobilis Salvia ...« von Paullini, das sich hauptsächlich den Verwendungszwecken und Heilerfolgen der Pflanze widmet, durch Aufbereiten von Wurzeln, Blättern und Blumen mit und ohne Zusätze, mit Essig, Alkohol, Bier, virginischem Tabak. Ein schönes Rezept ist, wie man sich schwarze Haare macht.

Zu Zaubermedizin und Liebeszauber *muß* ein solches Heilkraut taugen. Ein Segen für das »kalt Fieber« als Beispiel: »Sprich Ortus, Mortus, Surrexit. Diese Worte schreib uff neun Salbenbletter. Wann ein mensch das kalt hodt soll er der bletter alle morgen drei essen, drei dage nach einander fünf Paternoster und fünf Ave Maria und ein Glauben sprechen ...« Ein Liebeszauber geht so: Mit einer ungebrauchten Nadel drei Löcher in ein Blatt stechen, ein eigenes und ein Haar der Geliebten in jedes Loch einziehen, das Blatt zusammenrollen, mit ungebrauchtem Wachs »vermachen«, auf einen Taufstein legen und das Ganze im Namen des Vaters, des Sohnes und des Heiligen Geistes »taufen«, unter der Türschwelle der Geliebten vergraben. Das führt zu Gegenliebe.

»Wenn man die Blätter des Salbey wohl betrachtet, so sehen die selbten gleichsam abschwechlich wie eine Kröte aus, runzlich, warzig, das haben die Alten wahrgenommen und befunden, dass das Kraut den Frosch oder die Kröte (Froschgeschwulst) unter den Zungen stille und vertreibe.« Eine Anweisung zur Heilung nach der Signaturenlehre.

Salbei und Kröte haben sich aber auch für schaurige Geschichten zusammengetan. Sitzt sie unter seinem

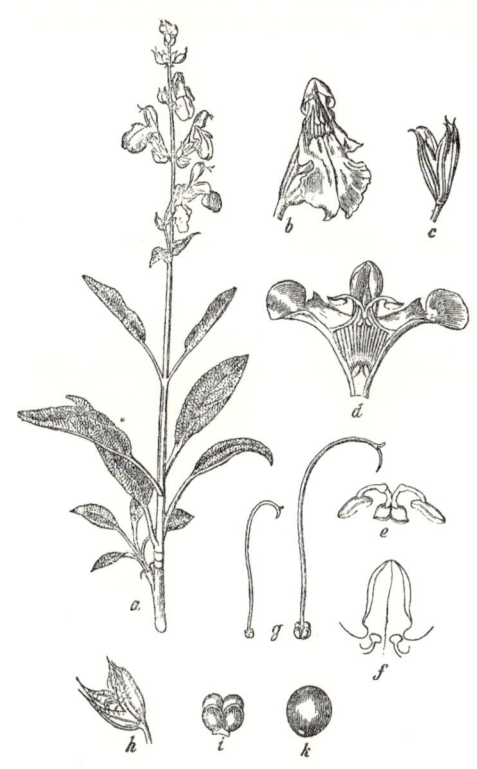

Salbei, Salvia officinalis
Familie: Labiatae (Lamiaceae)

*a) Zweig, verkl.; b) Blüte in nat. Gr.; c) Kelch in nat. Gr.;
d) geöffnete Krone mit den Staubgefäßen in nat. Gr.;
e) Staubgefäße ohne die Staubfäden, vergr.; f) die verküm-
merten Staubgefäße, vergr.; g) Fruchtknoten in nat. Gr. u.
vergr.; h) Frucht im Kelche in nat. Gr.; i) desgl. ohne Kelch;
k) Fruchtteil vergr.*

Busch, werden die Blätter giftig, sie töten. Daß ein »Teufelsweib« nach dem Genuß von Salbeisuppe eine Kröte geboren hat, ist auch vorgekommen; das arme Mädchen wurde verbrannt.

Immer noch ist Salbei sowohl offizinell als auch Volksheilmittel. Und in der Küche, aber auch beim Metzger, ist er unverzichtbar.

Eine christliche Legende berichtet, daß Maria auf der Flucht vor Herodes die Blumen des Feldes bat, sie zu verbergen. Allein der Salbeibusch bot ihr Schutz unter seinen Blättern. Dafür dankte sie der Pflanze und sagte, der Salbei werde von nun an bis in alle Ewigkeit eine Lieblingsblume der Menschen sein, mit der Kraft, sie zu heilen von jeder Krankheit, ja sogar vom Tode, wie er auch Maria errettet hatte.

In der »Geschichte Johannes des Täufers« nach Rogier van der Weyden ist auf der rechten Tafel mit der »Enthauptung«, links unten neben Salome, eine Salbeipflanze. Im Altar von Holbein d. Ä. von der »Passion Christi« befindet er sich, sehr bescheiden, unmittelbar neben der auffallenden »Natterwurz« auf der Tafel mit der Darstellung von Judas' Kuß.

Sauerampfer
Rumex acetosa
Abbildung siehe Seite 79

Sauer sauer! »ampfaro« ist das althochdeutsche Wort für sauer: Sauerampfer doppelt sauer. Die Lateiner sagen aceo, ich bin sauer, acer heißt spitz, scharf und sauer, acetum der Essig. Und doch gehörte der Sauerampfer und andere Rumexarten schon im alten Griechenland zu den beliebten wilden, eßbaren Kräutern, die später wegen der vielen und strengen Fasten der christlich-orthodoxen Kirche als Gemüse wichtig waren.

Theophrast und Dioskurides nennen ihn lapathon, in dem Wortstamm steckt der Hase, der Name bezieht sich auf eine Art, deren große Blätter mit Hasenlöffeln verglichen wurden. Plinius erfindet den schwer abzuleitenden Namen Rumex, möglicherweise in Zusammenhang mit rumen, der Schlund.

Die Gattung ist mit etwa 200 Arten global verbreitet, ihre Heimat ist die nördlich-gemäßigte Zone. Viele Arten sind weit über ihre Areale hinaus verschleppt und seit langer Zeit eingebürgert.

Zu den nahen Verwandten des Sauerampfers gehört der Rhabarber. Rha ist der alte Handelsname der Droge Rhabarber, Rha-barbarum, hervorgegangen aus Rha und barbaria, das war Ostafrika, das Urspungsland der Pflanze. Der sogenannte Mönchsrhabarber, eine Ampferart, wurde viel in Klostergärten gezogen, möglicherweise weil er ähnlich wirken sollte wie die Amulette mit Samen von Sauerampfer, die die Mönche trugen, um vor »nächtlichem Samenfluß« geschützt zu sein. Besonders hilfreich waren diese, wenn das Kraut von einer Jungfrau oder einem unschuldigen Jungen gesammelt wurde.

Älter als dieser Aberglaube ist die Annahme, daß man Läuse bekäme durch den Genuß der Pflanze samt Blüten und Früchten. Hungerzeiten waren lausige Zeiten im Wortsinn, man aß in diesen häufig das arme Ampfergemüse und hatte auch Läuse.

Aber die Maden, die das Vieh krank machten, konnte man vertreiben, wenn man das Tier mit Sauerampferblättern bestrich und dazu einen Segen sprach. Mit geräucherten Samen wurde Rotlauf bei Schweinen geheilt. Das Kraut war Bestandteil des Sträußchens, das man an Himmelfahrt in der Kirche weihen ließ und an die Stalltüren nagelte gegen alle bösen Tierzauber. Nach Aigremont war Sauerampfer Gegenmittel gegen Liebestränke und ein Antaphrodisiacum.

Schroeder empfiehlt: »Tauget dem Herzen und der Leber, kühlet und trocknet im zweiten Grad, eröffnet, widersteht der Fäulung, erwecket den Appetit, ist in der Cholera nützlich, löscht den Durst bei Fieber. Der Samen ist ein sonderbares Rotruhrmittel.« Marzell gibt an, daß die Wurzel in Apotheken als »Grindwurzel« und als Mittel gegen chronische Hautausschläge, Kopfgrind und Schorf gehandelt wurde. Die »grintwurtz« der Heiligen Hildegard ist sie aber nicht. Diese kam vom Schöllkraut. Doch kannte Hildegard den Ampfer und nannte ihn menua.

Noch heute ißt man Sauerampfer im Salat, in der Suppe. Er ist eines der sieben Kräuter der Frankfurter »Grünen Soß«. Auf Wiesen wird er bekämpft, weil er im Viehfutter schädlich ist.

Aus dem alten ampfaro, das auch eine Verwandtschaft zu amarus, bitter, haben könnte, entstanden Volksnamen wie Ampes, Hampes, Rampes, Rampel, Pampfer. Vom Geschmack leiten sich ab: Sauerromp, Sauerlump, Sauzompfer, Süren, Süerling, Suurkruut, Sauerbrot, Sauerlaub. Als Frühlingspflanze heißt sie nach dem Kukkuck: Gugezer, Guggisuur, und weil die Kinder die Blätter gerne essen: Himmelsbrot, Johannisbrod, Kühkaas, Schneiderkas. Schließlich werden die Früchte mit Läusen verglichen, also Lüserle, Lauskraut, Lauswurz.

Die Pflanze, doppelt scharf durch ihre Oxalsäure und durch die Pfeilform ihrer Blätter, wird zum Symbol für Martyrien, Plagen und Heimsuchungen. Andererseits kann man eine Herzform in den Blättern erblicken, daher gilt Sauerampfer als Stärkung für das Herz und als Heilspflanze. So ist er in seiner Eigenschaft, als Symbol von Christi Martern, in der »Beweinung Christi« nach Dirk Bouts mit zwei Blütenstengeln auf dem linken Rasenstück zwischen Ehrenpreis und Günsel zu sehen. Auf dem Gemälde »Die Heilige Sippe« des Meisters der Heiligblut-Kapelle stehen Sauerampferblätter unten in der Mitte des Bildes über Veilchen und Tausendschön und eine zweite Pflanze rechts vorn neben der Akelei.

Schlüsselblume
Primula veris (officinalis)
Primula elatior
Abbildung siehe Seite 80

Wie den Stein der Weisen, suchte man im Mittelalter auch die Allheilpflanze. Dodecatheon, das Zwölfgötterkraut, war die Wunderpflanze der Griechen. Im 16. Jahrhundert glaubte der italienische Arzt Anguillara, dieses von Plinius beschriebene Kraut als unsere Schlüsselblume vor sich zu haben, aber genauere Vergleiche machten die Annahme bald hinfällig. Und doch haftet der Schlüsselblume etwas vom Wunder an. Die Druiden, die »Altweisen« Priester der Kelten sammelten sie. Nüchtern, mit bloßen Füßen mußte man die Pflanze pflücken, sogleich in den Gewändern verbergen, damit die Kraft verblieb. Sie war ein hochangesehenes Heilmittel. Und sie führte zu verborgenen Schätzen. Gerüchte erzählen vom Hirtenknaben, der die Blume findet, die ihm den Weg zum Felsentore zeigt, es öffnet und die er, wie in der Sage vom Vergißmeinnicht, im Berg vergißt.

Die Gattung Primula, die Verkleinerungsform von primus, der Erste, also der kleine Erstling, hat etwa vierhundert Arten. Die bekanntesten zählen zu den ersten Frühlingsblumen. Primula officinalis oder veris ist die offizinelle oder echte Schlüsselblume, Primula elatior die hochgereckte, die hohe Schlüsselblume.

Herba paralysis war ihr mittelalterlicher Name, weil sie Lähmungen und Schlaganfälle heilen sollte, sie heißt daher auch Schlagkraut und ebenfalls Sankt Pauls Kraut, denn der Eremit Sankt Paul soll Paralytiker mit ihr geheilt haben. Die Heilige Hildegard hat den deutschen Namen hymelslozel, Himmelsschlüssel, für sie. Megenberg schreibt in seinem »Buch der Natur« von Blumen, die die Landleute »himmelslüzzel« nennen. Er nennt sie Oculus porci, Schweineaugen – warum? Das sagt er nicht. Er hat aber noch einen Namen für sie, nämlich veltpluom, in seinem Buch wird Maria mit der Feldblume verglichen, von der sie selbst sagt: »ego flos campi«. Da das auch für andere Frühlingsblumen gilt, ist es fraglich, welche Pflanze Megenberg meinte. Im Mainzer »Gart der Gesundheit« wird sie unverkennbar in einem Holzschnitt gezeigt als »slysselblomen«, ein Mittel gegen Schlagfluß, Gicht und Zipperlein. Gesners Bezeichnung arthritica deutet auf die Verwendung gegen Gicht. Sanamunda, linqua bubule, lilifagus sind alte Namen.

Am Ende des 17. Jahrhunderts ordnete die herzogliche Hofkammer in Mecklenburg an, »eine Quantität von den sogenannten Schlüsselblumen zum behufe unsres Hofweinkellers sammeln und selbige ungesäumt noch frisch und gut dem Hofweinschenk liefern zu lassen«. Zum Wohle. Der Extrakt aus der Pflanze war überhaupt eine Arzenei für hochgeborene und vornehme Kranke, die vor großen Dosen von starken Medikamenten zurückschreckten. Auch den eitlen Frauen war damals ein Destillat der Blumen, als Schönheitsmittel und Gesichtswasser, willkommen. Als Frühlingsblume wirkt sie ähnlich wie Märzenschnee oder Maientau, die wohlfeilen Kosmetika der Vergangenheit.

In der Volksmedizin werden nach der Signaturenlehre die gelben Blumen für Gelbsucht gebraucht. Daß Schlüsselblumentinktur gegen das Stottern helfen sollte, wurde angenommen, weil die verlorene oder gestörte Sprache nach Schlaganfällen allgemein durch Schlüs-

selblumendestillat zurückerwartet wurde. Drei Schlüsselblumen wurden gegen das Fieber, gegen Zahnweh
und Halsschmerzen verschluckt.

Als Fruchtbarkeitsmittel war sie lange Zeit begehrt. In
späteren Zeiten wird sie nur noch als Hochzeits- oder
Heiratsorakel angesehen. Vor der Karwoche gefundene
Blüten bedeuten Heirat noch im selben Jahr, und zwar
mit dem Geliebten. So wie man glaubte, die Pflanze
könne Dämonen vertreiben, war sie gleichzeitig, wie
viele früh blühende Kräuter, als schädlich gefürchtet.
Die *ersten*, die erscheinen, darf man nicht ins Haus holen, das bringt Unglück. Schlüsselblumen verzaubern
Hühner und Gänse, so daß aus ihren Eiern nichts aus-
schlüpft. Zu früh, womöglich zur Weihnachtszeit blühende Primeln bedeuten Krankheit oder einen schweren
Unglücksfall.

Petrus ließ seine Schlüssel auf die Erde fallen, und an
dieser Stelle entsproß das Himmelsschlüssel. Die Blume
sieht mit ihrem Blütenstand einem Schlüsselbund ähnlich, der Name St. Peters Schlüssel ist geblieben. Deutsche Volksnamen sind: Fastenblume, Gichtkraut, Gelber
Sanikel, Badenge u. a.

Sie wird das Symbol für die Incarnation Christi. Die
Jungfrau Maria wird gekrönt mit Himmelsschlüsseln,
die Pflanze ist zum Attribut der Mutter Gottes geworden.
So ist die Schlüsselblume zu sehen im »Paradiesgärtlein«
an vier Stellen, einmal im Gras, am blauen Rocksaum
von Maria, links im Bild über dem Brunnen und am rechten Bildrand über der Akelei und noch einmal über der
Senfpflanze. Martin Caldenbach legt eine einzelne Blüte
unter den Mantelsaum Marias, auf die Stufe, in seiner
»Darbringung Christi im Tempel«.

Schwertlilie
Iris germanica, Iris florentina
Abbildung siehe Seite 81

Die Farbenpracht ihrer Blüten wurde im Altertum mit der des Regenbogens verglichen, also gab man ihr den Namen der Göttin des Regenbogens, Iris. In der griechischen Mythologie wird diese von Juno entsendet, Ditos Seele in die Unterwelt zu geleiten. Wie schön der Tod sich in der alten Welt darstellte, im Gegensatz zu den mittelalterlichen Vorstellungen von Gerippe und Sensenmann. Iris ist die Botin der Unterwelt und führt besonders die Seelen der Frauen und der Kinder dorthin, so wie Merkur die Seelen der Männer betreut. Noch heute schmückt man die Frauengräber in Griechenland mit Schwertlilien. In Virgils Aeneis spielt Iris die Rolle einer Botin des Zeus. Sie ist aber auch Symbol des Rufes, des guten wie des schlechten. Die lügenhafte Fama mit ihrem schillernden Gehabe entspricht den vielfarbigen Blüten der Schwertlilie. Für Anakreon war Iris das Zeichen des Schmerzes um verschmähte Liebe.

In der nordischen Mythologie ist der Regenbogen das Symbol, das Himmel und Erde verbindet, die Brücke Bifort.

Lange Zeit hieß die Pflanze Gladiolus, kleines Schwert. Walahfrid Strabo hat Gladiolus, die Schwertlilie, als 12. Pflanze in seinem »Hortulus« bedichtet. Er meint, die Benennung nach dem Schwert sei eine freie Schöpfung der Sprache. Die schöne Blüte vergleicht er mit der Hyazinthe, Apollos Blume. Die getrocknete und geriebene Wurzel, mit flüssigem Wein getrunken, soll die grausamen Schmerzen der Blase nehmen, und sie sei ein Mittel für den Tuchwalker, die Leinwand zu steifen, und ihr den Duft von Blumen zu verleihen.

Die Schwertlilie war im Mittelalter die Hauptzier in unseren Burggärten. Aber auch in den Gärten der Bürger und Ackerbürger ist sie durch das »Capitulare de Villis« Karls des Großen eingeführt. Hildegard von Bingen sagt zuerst gladiola, später swertula. Sieht man alte Namen an, so findet man unter ihnen lilium celeste, gylgen und gilgen, also Lilie. Im deutschen Namen Schwertlilie haben wir lilium und gladius vereint. Bis heute heißt die Pflanze mancherorts noch blaue Lilie, wie sie in alten Kräuterbüchern »plab gilgen« und, die gelb blühende, »gele gilgen« hieß. Iris, Lilium und Gladiolus, die drei haben immer für Verwirrung in der Nomenklatur gesorgt.

Der Wohlgeruch ihrer Wurzel gibt dieser den Namen einer ganz anderen Pflanze, nämlich Veilchenwurzel. Sie ist offizinell unter der Bezeichnung Rhizoma iridis und stammt hauptsächlich von Iris florentina. »Florentiner Wurzel« wird angebaut und zu einem Drogenpulver verarbeitet, das den »Iriskampfer« genannten Riechstoff enthält, hauptsächlich für Puder, aber auch zum Parfümieren von Tabak gebraucht.

Schon im Altertum gab man zahnenden Kindern die Wurzel im Stück zum Kauen. Ihre Inhaltsstoffe sind neben Gummi, Zucker und Stärke vor allem Harze, Ölsäuren und Gerbstoffe. Dioskurides empfahl sie für sexuelle Beschwerden. Sie soll, in Essig eingenommen, den Samenfluß heilen, in Wein die Monatsregel fördern und, mit Honig zu einer Paste geknetet und in die Scheide eingeführt, den Embryo herausziehen. Später wurde Iris als »Blauer Gilgen« in Form von Tee verordnet gegen Katarrh und Verschleimung. In Wein gekocht war die Wurzel wirksam gegen Steinleiden und Fieber, als Wurm- und Bauchwehmittel.

Im 15. Jahrhundert galt Iris als Apotropäum. Wer eine Wurzel bei sich trug, war für Dämonen tabu. Tiere waren, mit einer Wurzel um den Hals, oder wenn eine solche an der Stalltür angebracht war, gegen das Verhexen geschützt. Alraune wurden aus Iriswurzeln geschnitten, und wenn man eine Wurzel in der Osternacht ausgrub und unters Hemd steckte, war man gefeit gegen Hieb und Stich. Der Volksglaube knüpft eine Beziehung zwischen der hodenähnlichen Wurzelform zu Donar. Namen wie Adebarsblom, Stöckelblöme und Schellenblume (Schellen sind die Hoden) sprechen noch davon. Doch das bleibt bei der Wurzel, unterirdisch. Die oberirdischen Teile der Pflanze deuten ins Überirdische.

Die Christen versahen den Verkündigungsengel, der Maria die göttliche Botschaft überbrachte, mit einer Iris. Sie wird zum Symbol für Maria selbst, eine Marienpflanze. Die Blume des Regenbogens wird das Zeichen für die Incarnation Christi, seine Menschwerdung bestätigt den Bund Gottes mit dem Menschen nach der Sintflut.

Kronen und Szepter königlicher Heiliger werden von Irisblüten geschmückt. Profane Zierde der »Pfingstbraut« ist der »Irisschwertel«. Fleur de Lys, die französische Wappenlilie, ist eine Schwertlilie. Zenobius, der Patron von Florenz hatte eine Iris bei sich, sie wurde zum Emblem der Stadt. Ludwig XI. hatte sie um 1465 Piero dei Medici verliehen – auch sie war im Wappen als Lilie gedacht. Ihr Name: gilglio bianco, die weiße Lilie, aber auch Iris florentina.

Am Ende des 14. Jahrhunderts schreibt die Heilige Brigitta von Schweden: »Liebet die Mutter der Barmherzigkeit, sie gleicht der Blume der Schwertlilie …« Der Schmerz über die Leiden Christi und die Standhaftigkeit gegen die Versuchung glichen den beiden scharfen Kanten der Blätter und deren Spitze der Demut, in der Maria sich Magd nannte, obgleich zur Herrin der Menschen und Engel erkoren.

»Das Paradiesgärtlein« ist, nach Felix Rosen, das erste Bild, in dem die Iris in der Natur gemalt wurde. Die blaue Schwertlilie blüht vor der weißen Mauer und nimmt in ihren Blüten das Blau von Marias Mantel auf. Rogier van der Weyden hat in seiner Darstellung der »Medici-Madonna« einen Krug mit Lilie und Schwertlilie ins Zentrum des Bildes gesetzt. Von einem toskanischen Meister ist »Maria mit dem Kind im Rosenhag« gemalt. Unter den Händen der Madonna öffnen sich zwei Schwertlilienknospen.

Senf
Sinapis alba, weißer Senf
Brassica nigra, schwarzer Senf
Abbildung siehe Seite 82

D as Himmelreich ist gleich einem Senfkorn, das ein Mensch nahm und säete es auf seinen Acker«, Matthäus 13, Vers 31.

Eine uralte Pflanze. In Bagdad wurden Töpfchen mit Senfsamen aus sumerischer Zeit gefunden. Im Altertum kannten ihn von Hippokrates, Theophrast, Dioskurides, bis zu Athenaios alle. Aus dem griechischen Namen sinapi oder sinape, später auch napi, wurde das lateinische sinapis. Der Name ist so ursprünglich wie die Pflanze alt ist.

Den alten Indern galten Senfkörner als Schutz gegen Dämonen und böse Geister. Sie brachten Glück und Macht. Im Mittelalter wird der Senf im »Capitulare de villis« aufgeführt. Hildegard von Bingen unterscheidet senff herba, das Kraut, von sinape, dem Senfsamen. Albertus Magnus nennt den Senf ein beliebtes Gemüse. Er beschreibt den wilden und den Gartensenf, vom wilden kann man Blätter und Wurzeln nach seiner Ansicht essen. Megenberg nennt den weißen Senf eruca, ein Name, der in der nah verwandten Rauke fortlebt. Er schreibt das Kraut habe Blätter, beinahe wie der echte Senf. Dieser wirkt nach seinen Angaben mäßig erwärmend und austrocknend und wird daher in Gärten angepflanzt. Einem Gericht von Beete und Mangold zugesetzt, mildere er die Kälte und Feuchtigkeit dieser Kräuter. Das Kraut, allein genossen, beschwere den Kopf. Für die Ammen sei es gut, weil es viel Milch erzeuge, und für alle Leute nütze es der Verdauung. An anderer Stelle berichtet er: »... zerteilt die zähen, lateinisch Phlegma genannten Säfte, und vor seinem Geruch flieht alles Ungeziefer. Der Senf kommt wild und angebaut vor, der wilde aber erzeugt böse Säfte im Leibe ... Der Senfsame reinigt die Gesichtsfarbe und zeigt an, ob jemand faules Blut in sich hat. Ein Senfpflaster entfernt den Ohrenfluß und andere Unreinlichkeit. Es wird auch behauptet, nüchtern genommener Senf kläre die Vernunft und reinige das Gehirn, sei aber der Brust nachteilig. Der wilde Senf wirkt diuretisch, als Aphrodisiacum, weil er Erektionen hervorruft«. Nach Schroeder hilft Senf »hypochondrischen Beschwerden, viertägigem Fieber, so von tatarischem Schleim herrührt. Äußerlich gegen Schlafsucht, Sinapismus, wenn man ihn in die Nase tut. Öffnet reife Geschwülste. Macht nießen. Dient wider Quecksilber«. Johannes Hartlieb sagt zuletzt: »Es pringt auch die gir der unkewsch«.

Die Gattungen Sinapis und Brassica sind schwer zu trennen, so wurde auch der schwarze Senf, Brassica nigra, häufig der Gattung sinapis zugerechnet.

Seit dem 16. Jahrhundert kennt man den Senf bei uns nicht mehr als Gemüse, er ist zum Viehfutter degradiert. Neben der bekannten Verwendung als Tafelsenf ist die Pflanze bis heute offizinell.

Albertus Magnus sagt, Maria sei wie ein Senfkorn, das ihre Demut symbolisiere. Der Evangelist Lukas schreibt:

»So ihr Glauben habt als ein Senfkorn«. Markus vergleicht die Verbreitung des Reiches Gottes auf Erden mit dem aufgehenden Samen des Senfkorns, wenn es gesät wird. Es ist so zum Symbol des Evangeliums geworden. Eine blühende Senfpflanze ist deshalb auch im »Paradiesgärtlein« zu finden, am rechten Bildrand, zwischen Schlüsselblume und Lilie.

Stiefmütterchen
Viola tricolor
Abbildung siehe Seite 83

D er Name Viola, von Vergil und Plinius gebraucht, ist das Diminutiv des griechischen ion, ursprünglich vion, und steht mit der Göttin Io in Verbindung. Ioplokos oder ioplokamos, veilchengeflochten, werden die dunkelgelockten Frauen genannt. (Mehr darüber bei »Veilchen«).

Die Gattung hat in Hegis »Flora« 500 Arten und Unterarten, es werden vierunddreißig mitteleuropäische Arten beschrieben, Viola tricolor steht an erster, Viola odorata, das Veilchen, an letzter Stelle.

Brunfels ist der erste, der sichere Angaben über unsere Pflanze macht. Sie heißt bei ihm Dreifaltigkeitsblümlein, herba trinitatis, und Freisamkraut. Auch bei Hieronymus Bock, der im übrigen noch viele Schwierigkeiten mit der Unterscheidung der Pflanze vom Gelbveigel, Goldlack und der Nachtviole hat, kann man lesen von Freissam und Dreifaltigkeit. Die beiden Namen sind bis ins 18. Jahrhundert vorherrschend. Aber schon im 16. Jahrhundert wird im »Hortus Eystettensis« das Stiefmütterchen genannt.

Eine Volkssage erklärt das Dreifaltigkeitsblümlein. In ältesten Zeiten soll die Pflanze viel schöner als das Märzveilchen geduftet haben. Sie wuchs aber im Getreide, und die Leute zertraten ihretwegen das Korn. Darum bat sie die Heilige Dreifaltigkeit, ihr den Duft zu nehmen. Die Dreifaltigkeit lobte das Blümchen dafür, daß es nicht hochmütig sei, nahm ihm den Duft und schenkte ihm ihren eigenen Namen. Eine wahrscheinlichere Erklärung, daß der Name von der dreifarbigen Blüte komme, ist nicht weniger fromm.

Der ebenfalls alte Name, Freisamkraut, bezieht sich auf die Heilwirkung der Pflanze gegen Milchschorf, Freisam. Die Signatura rerum stellte fest, daß die Blüte einem Gesicht gleicht, also wird das Gesicht vom Schorf befreit. Nach anderen Quellen aber wirkt das Kraut gegen das »Freyschen« oder Fraisen, das sind epileptische Anfälle kleiner Kinder. Der Stamm des Wortes enthält das althochdeutsche freisa, Gefahr, Schrecken. Fuchs schreibt: »Gebranntes Wasser ist jungen Kindern gut, so sie das freysch oder die vergicht haben, dass mans ihnen zu trinken geb«. Man hielt die Krankheit Fraisen auch für dämonische, angehexte Anfälle, deshalb gab man schon ins erste Bad der Neugeborenen das Kraut und sprach: »ich bade dich im Namen Gottes, des Vaters, des Sohnes und des Heiligen Geistes, Amen.« Dann spuckte man dreimal ins Wasser, bevor das Kind hineingetaucht wurde.

Freysamkrautwasser und Stiefmütterchentinktur werden noch in unserem Jahrhundert gegen Hautunreinheiten, auch zur Heilung von Ausschlägen verwendet. Sal herba trinitatis war ein Mittel gegen Syphilis.

Die Bezeichnung »Stiefmütterchen« kommt angeblich aus einer Art Familienhierarchie. Die fünf Blütenblätter sind Plätze für die Frauen, und sie sind so verteilt: Oben sitzt auf zwei Blättern die Stiefmutter, seitlich rechts und links deren eigene Töchter und unten, auf einem Blatt eng zusammen, zwei Stieftöchter. Deshalb ist es für Kinder besser, solche Blumen nicht ins Haus zu bringen, sonst stirbt die Mutter, die Stiefmutter folgt, dann geht es ihnen schlecht. Glauben die Leute und warnen die Kinder.

In der Blumensprache bedeutet das Stiefmütterchen Lieblosigkeit. In den großen Blüten der Gartenformen kann man ein grämliches Frauengesicht sehen.

Viola tricolor, das dreifarbige Veilchen, bekommt viele Volksnamen: Nachtviole, Herrgottsblümli, Herzjesuveiele, Marienstängel, Schöngesicht, Glotzbock, Liebherrgottsschüchele, Sammetpotsch, Andenkelchen, Feldveigerl und mehr.

Die fünf purpurnen Petale, die Staubblätter, wurden von den frühen Christen als die fünf Wunden am Kreuz gedeutet. So versinnbildlichte die Pflanze die Passion Christi. Zugleich wurde sie wegen ihrer Dreifarbigkeit Zeichen der Trinität, der Dreifaltigkeit. Die »Glaubensbekenner«, die Heiligen ohne Märtyrerschicksal, waren in ihrer Prozession mit Dreifaltigkeitsblumen gekrönt. Schließlich ist die Pflanze Sinnbild des Gedenkens und der Meditation, sie wächst auf Gräbern und hat in Spanien und Frankreich die schönen Namen Viole del pensiero und Pensée.

Auf der »Darbringung Christi im Tempel« von Martin Caldenbach sehen wir ein Stiefmütterchen, es liegt auf der Stufe, unter dem Mantelsaum des Hohenpriesters. Das »Bildnis des Simon George of Cornwall«, von Holbein d. J., zeigt diesen mit einem Barett, das fünf Blüten von Viola tricolor schmücken.

Storchschnabel, Ruprechtskraut
Geranium rotundifolium
Geranium Robertianum

Abbildung siehe Seite 84

Hören wir zuerst Leonhard Fuchs: »Storckschnäbel seind von den Griechen und Lateinischen genent worden Gerania, darumb das sie am obersten teyl des stengels bringen ein köpfflin mit langen schnäbelin, nit anderst dann die Krench oder Storcken. Und daher kompt es, das zu unsern zeiten würdt Rostrum ciconiae geheyßen, das ist, Storckenschnabel.«

Damit hat er nicht erschöpfend erklärt, daß Gerania in Wirklichkeit aus dem griechischen geranos, der Kranich, abgeleitet ist, die Pflanze also bei den Griechen Kranichschnabel heißt. Dieser Vogel spielt in der griechischen Fabel dieselbe Rolle, die bei uns der Storch hat, er ist der Vogel der Fruchtbarkeit. Der Storch heißt im Griechischen Pelargos. Und dieses Tier haben wir in der Pelargonie, der sogenannten Geranie, die in unseren Blumenkästen blüht. Sie ist eine nah verwandte südafrikanische Gattung, in Italien kultiviert und als Gartenflüchtling verwildert. Wahrscheinlich war es Dioskurides, der als erster die Früchte der Pflanze mit Kranichköpfen verglich.

Von den bei uns wild wachsenden Storchschnäbeln gibt es mehr als zwanzig Arten. Häufig sind Geranium rotundifolium, das rundblättrige und Geranium Robertianum, das Ruprechtskraut. Von diesem liest man in »Sturms Flora«, der aus dem Mittelalter stammende Name sei zu Ehren des ersten Bischofs von Salzburg, Ruprecht (Hrodperth) gegeben, der um das Jahr 700 lebte, der Schutzheilige des Hauses und der Ehe. Man nimmt an, daß die Pflanze schon eine Beziehung zu Thor, dem Gott der Fruchtbarkeit und der Ehe, gehabt hatte. Eine andere Quelle nennt das St. Robertskraut oder rubertiana nach dem lateinischen ruber, rot, wegen der roten Blüten und der, bei Kälte im Frühjahr, roten Blätter.

Hildegard von Bingen gibt ein Rezept an »Gegen Liebestrank und gegen Zauberworte«, das gesund mache, Tapferkeit, Stärke sowie Glück verleihe, dem, der das Pulver bei sich trage. Hergestellt sollte es werden aus den Wurzeln von »storkesnabil«, der Malve und des Wegerichs. Ein anderes Pulver aus Storchschnabelkraut, gemischt mit Poley und Raute, rät sie, recht häufig mit einem Brot zu verzehren, damit werde das Herz gestärkt und fröhlich. Auch im Mainzer »Gart der Gesundheit« wird das Kraut als Mittel gegen Traurigkeit und gut für das Herz genannt.

Seine hämostatischen Eigenschaften gaben ihm den Namen »Blutkraut«, in Analogie der roten Blüten und Stengel zur blutstillenden Wirkung. Die Ähnlichkeit der Blüten mit Augen machen es zu einem Mittel gegen Augenkrankheiten.

Johannes Schroeder empfiehlt einen Umschlag aus dem Sud mit Salz, in einem leinenen Tüchlein, an die Fußsohlen gegen Fieber. Auf die Frauenbrust gelegtes Kraut »hilft Brustschrunden und zerteilt die Milch«. Auch die Volksmedizin sieht, in mit Wein gesottenen oder in Wein gepulverten Blättern ein Frauenmittel, das ebenfalls gegen Schwindsucht heilsam ist. Die Wurzel treibt den Harn und löst den »Lendenstein«. Als schmerzlinderndes und die Mundfäule heilendes Gemisch werden Blätter und Wurzeln verwendet. Die volkstümlichen Namen bezeichnen die Eigenschaften, die man der Pflanze zuschrieb: Warzen-, Grind-, Blut- und Gichtkraut. Weiter heißt es Adebarsbrot, Hirtennadel, Stink- und Wanzenkraut. Das »Stinken« wird erzeugt durch ein ätherisches Öl, ähnlich dem in der Johannisbeere, das als sexuelles Stimulans wirksam sein kann.

Mit seinem alten Namen »Gottesgnad«, Gratia dei, ist Geranium auf unseren Bildern zu sehen in Rogier van der Weydens »Medici-Madonna«, in der rechten unteren Bildecke, zu Füßen des Heiligen Damian mit dem Löffel. In der »Passion Christi« von Holbein d. Ä. ist es, in der Tafel mit der Auferstehung Christi, in der linken Ecke. Die »Heilige Nacht« von Bartholomäus Bruyn d. Ä. zeigt die Pflanze links neben dem Korb, der vor Maria steht.

Taubnessel
Lamium album
Lamium maculatum
Abbildung siehe Seite 85

Das griechische lamos und das lateinische lama, der Schlund, der Rachen, steckt, als Vergleich mit der Blütengestalt der Pflanze, im botanischen Namen Lamium. Lamia, der altgriechische Dämon, der die Kinder raubt, sowie die vampirartigen Lamien, die meist schönen Frauen, die Blut aus auch schönen Jünglingen saugen und deren Fleisch essen, geistern durch den Namen.

Lamium album, das weiße, und maculatum, das gefleckte oder rote Lamium, bekamen die deutsche Bezeichnung Taubnessel nach ihren der Brennessel ähnlichen Blättern, die aber »taub« sind, nicht brennen. Verwandt ist sie mit der Nessel nicht, gehört vielmehr zu den Lippenblütlern (trotz ihres Namens nicht zu den Rachenblütlern!). Die sehr diffizilen Unterscheidungen der zahllosen Arten dieser Familie und die Gattungszugehörigkeit waren zu allen Zeiten Streitpunkte für wahrheitssuchende Botaniker.

Im Altertum galt die Taubnessel als vorzügliches Heilmittel für Wunden. Bei Dioskurides hieß sie Galiopsis. »Drei tragen am Stamm ringsumb Blumen, etlich weiß, etlich gäl, etlich braunrot. Todten Nessel und daub Nessel, die allerletzt, so in Hecken und Wäldern gemeiniglich wechst, halt ich für Herculea Plinii, will doch nit streiten umb des starcken Geruchs willen, und glaub gäntzlich, es sei Galeopsis Dioscoridi«, schreibt Bock und weist an: »innerlich für harten Bauch, Winde, Grimmen, Harn, Lenden, Ehelich Werck, Mütter erweichen. Eusserlich Wurm am Finger (Panaritium), Nasen bluten, offene umb sich fressende Schäden, Augenfell. Es hilfft«.

Der mittelalterliche Name der Pflanze war urtica (dies der Name der Brennessel) mortua, tote Nessel, weil ihr die Brennhaare fehlen. Später, als Blüten ausschlaggebend für die Klassifizierung wurden, bekam sie den Namen Lamium und den sinnfälligen deutschen Namen Bienensaug. Die Gattung Lamium, mit etwa vierzig Arten, wächst in Europa, Nordafrika und im außertropischen Asien, in der Nähe menschlicher Siedlungen und Kulturen. Ob sie in Europa wirklich ursprünglich war, ist nicht entschieden. Seit alter Zeit ist sie mit Menschen und Haustieren verbreitet.

Lange Zeit war sie eine magische Pflanze. In ein Jahr alten Zypressensaft gelegte weiße Taubnesseln, dann gut verwahrt bei sich getragen, machten sanft und gütig und halfen allen Widerpart überwinden. Einem Rind mußte man das Kraut um den Hals binden, dann folgte es einem überall nach. Diebe konnte man zwingen, das gestohlene Gut wieder herzugeben mit einer langwierigen Prozedur von fast gotteslästerlichen Umständen. Auch das kalte Fieber wurde bekämpft, indem man auf die Nessel urinierte und sprach: »Hier mach ich mein Wasser auf diesen Samen, in allen Fieber Namen, das Fieber will mich meiden, bis daß ich komm und will die Sonn abschneiden, im Namen des Vaters, des Sohnes usw.« Nach der Signatura rerum heilten die weißen Blüten den »Weiberfluß«, die roten die rote Ruhr.

Die Blüten von Lamium album, der weißen Taubnessel, waren und sind als Volksmittel, früher aber auch offizinell genutzt. Flores Lamii waren zeitweise eine sehr teure Droge. Im Jahr 1927 wurde ausgerechnet, daß für 1 kg gegen 90 Stunden gesammelt werden mußte.

Die Taubnessel hatte den alten Namen apiago von der Heiligen Hildegard und Volksnamen wie Doofneddel, Dangel, Dauwe Nettel, bienwurz, binsaug, tootnessel, sugelblom, zuzerler, Hummelsaug.

Im »Paradiesgärtlein« blüht eine rote Taubnesselpflanze links am Bord des Hochbeetes. Nahe bei der lesenden Maria hebt sie sich von der weißen Gartenmauer ab. Eine weißblühende Taubnessel findet man in der Wiese, auf der die »Heilige Veronica« steht, gemalt vom Meister von Flemalle. Sie ist links vom Schuh der Heiligen zu sehen. In der »Beweinung Christi«, nach Dirk Bouts, wächst eine weiße Taubnessel am oberen Weg zwischen den Steinen. Auf dem Altar mit der »Kreuzigung Christi« des Meisters von Frankfurt ist in der mittleren Tafel und im linken Flügel, jeweils am rechten Bildrand, eine weißblühende Taubnesselpflanze.

Veilchen
Viola odorata
Abbildung siehe Seite 86

Die Perser nannten das Veilchen »Rosenprophet«, es bereitet der süß duftenden Rose den Weg. Mohammed sah in ihm ein Sinnbild der Herrlichkeit des Islam.

Aus dem griechischen Ion, das in seinen ältesten Formen noch ein Digamma, ein »V«, im Anlaut hatte, wurde das lateinische Viola. Ion soll von ionischen Nymphen stammen, die an der Quelle des Cytherus verehrt wurden. Das ist eine der zahlreichen Legenden, die sich an den Ursprung des Veilchens knüpfen. Eine andere ist die von der Tochter des Atlas, die in ein Veilchen verwandelt wurde, als sie sich vor Apoll verbergen wollte. Auch Jupiter ließ Veilchen sprießen, Nahrung für Io, seine in eine Kuh verwandelte Geliebte. In der phrygischen Mythologie stammte die Blume aus Attis und Kybeles Blut – die »Kybele-Blumen«. Aphrodite ist die Veilchenhaarige, die Dunkelhaarige. Venus erhört schließlich Vulkan, weil sich der Häßliche mit den Gebilden der Anmut, den Veilchen bekränzt. Dramatische, verhängnisvolle und glückliche Überlieferungen vom kleinen Veilchen.

Bei den Griechen ist nicht mit Sicherheit immer unsere Viola odorata gemeint, einige der Legenden werden auch von der Levkoje oder dem Gelben Veilchen, dem Goldlack, erzählt. Doch ist der Proserpina, der Beherrscherin des Orkus, die »blaue Viole«, das duftende Veilchen zugesellt. Die Bildsäulen der Laren wurden mit Veilchen geziert, und die Bacchantinnen bekränzten die Phalliphori mit den Blüten. Man trug Veilchenkränze zu Festen und legte Veilchengärten an in Griechenland. Der Name »Priapusblume« zielt auf die erotische Bedeutung, und dennoch war auch schon im Altertum das Veilchen die Blume der Unschuld und der Jungfrauen. Ihre Särge wurden mit Veilchenkränzen geschmückt. Athen wurde dargestellt als Frau mit einem Veilchenkranz. Alle dreijährigen Kinder, die dem häufig frühen Tod entronnen waren, wurden bei einem Frühlingsfest in Athen mit Veilchen gekränzt, aus Freude, daß sie aus dem Alter der Gefährdung herausgewachsen waren. Der Veilchenkult war so weit gegangen, daß Homer bemerkte, Olivenhaine würden verlachlässigt, weil nur Rosen, Veilchen und anderes duftendes Unkraut auf den Gartenbeeten gepflanzt sei.

Im Norden war das Veilchen dem Kriegsgott geweiht, es heißt heute noch in Island Thyrsfolia. In deutschen

Sagen ist es wie andere Frühlingsblumen die Wunderblume, die verborgene Schätze anzeigt. Zwerge öffnen an den Plätzen, wo Veilchen wachsen, Höhlen in den Bergen, in denen die Reichtümer warten.

Walahfrid Strabo nennt die Pflanze Viola nigella. Auch Hildegard von Bingen und Megenberg kennen viola, die »Viol«. Sie schreiben von der Gewinnung und Anwendung eines Veilchensyrups und des Veilchenöls, vom Veilchen als Heilpflanze. Aber jederzeit war und ist es wunderbar, sich Veilchen »einzuverleiben«, als Pastillen, auch als kandierte oder in den Zuckerkugeln der Flavignys eingeschlossene Blüten. Fromme und frivole, parfümierte Küsse.

Dem Aberglauben ist ein breites Feld eingeräumt. Angefangen von den ersten drei Blumen im Jahr, die besondere Heilkraft, aber auch Zauberkraft haben, im Guten wie im Bösen, bis hin zu der Jungfrau von Tscherneborg, die alle zehn Jahre in der Walpurgisnacht erwacht aus ihrem Schlaf, den sie als verzaubertes Veilchen schläft. Wer die Blume in diesem Augenblick pflückt, bekommt das Mädchen zur Frau, dazu alle ihre Schätze.

Das große Fest des Wiener Hofes um 1300 in den Donau-Auen, wo das erste Veilchen gemeinsam gesucht wurde und von einer Jungfrau gepflückt werden durfte, folgt einer frommen Tendenz. Die bescheidene Blume mit ihrem köstlichen Duft und der kostbaren Farbe, die Könige und selbst Christus kleidet, ist zum Sinnbild königlicher Bescheidung geworden.

Die Pflanze wurde zum Symbol Christi, der in größter Erniedrigung und Demut Mensch geworden ist, und schließlich zum Symbol der Kreuzigung. Als Marienpflanze versinnbildlicht sie den himmlischen Wert der Bescheidenheit. Das Paradies, eine Blütenwiese, mit Veilchen bedeckt, in der die Glaubenszeugen so zahlreich wie die Blume stehen, Abbild der »Bekenner«.

Im »Paradiesgärtlein« blüht das Veilchen links neben dem roten Polster, auf dem Maria sitzt, und an fünf anderen Stellen über den Garten verstreut. »Maria lactans« des Meisters von Flemalle hat es mit großer Blüte vor ihrem weißen Mantel. Bei Stephan Lochner im »Martyrium der Heiligen« ist die Pflanze auf den Tafeln des Johannes Evangelist, des Bartholomäus und des Simon und Judas. In der »Medici-Madonna« des Rogier van der Weyden wächst das Veilchen über dem linken Fuß von Damian, dem Ärzteheiligen. In der »Geschichte Johannes des Täufers« nach Rogier van der Weyden steht es, ohne Blüten, in der mittleren Tafel, zu Füßen des Johannes. Ein schwäbischer Meister hat in dem kleinen Bild »Ruhe auf der Flucht« Veilchen in die Wiese verstreut. Ein süddeutscher Meister zeigt die Pflanze in »Die Ruhe auf dem Kreuz, Kreuzannagelung und Kreuzaufrichtung Christi« am unteren Bildrand unter dem rechten Kreuzesstamm. Bei Martin Caldenbach liegt ein Veilchen auf der Stufe, links unter dem Priestermantel, in der »Darbringung Christi im Tempel«. Das Bild »Die heilige Sippe« des Meisters der Heilig-Blutkapelle läßt neben dem Fuß des heiligen Kindes mit dem Buch Veilchenblätter sehen. Bartholomäus Bruyn d. Ä. malt sie in der »Heiligen Nacht« auf der linken Seite vor das Betpult, dahinter eine nicht bestimmbare, hohe Pflanze.

Vergißmeinnicht
Myosotis palustris
Abbildung siehe Seite 87

Myos otis oder myos ota sind die griechischen Worte für Mäuseohren. Die Blätter des Vergißmeinnicht scheinen in ihrer Form und wegen ihrer Behaarung diesen ähnlich. In Griechenland wurde die Pflanze aber auch ein »Heiliges Kraut« genannt, sie konnte als Symbol für Heilung und Errettung gelten. So hatte sie schon Dioskurides beschrieben, und später hat Plinius die Verwendung des Krautes zu einer Augensalbe gepriesen.

Im 12. Jahrhundert erklärt Hildegard von Bingen: »Frideles Auge hat keine rechte Wärme noch rechte Kälte in sich, noch enthält es irgendwelche Kräfte zum Gebrauch des Menschen, sondern es ist Unkraut und taugt nicht zur Medizin. Wenn deshalb der Mensch es einnimmt, schadet es jenem mehr, als es ihm nützen würde.«

Seit dem 14. Jahrhundert gibt es den Namen Vergißmeinnicht. Seine Entstehung ist sagenhaft. Es sei das Blümchen, das nach der Erschaffung der Welt seinen Namen vergessen hat. Auch kann es, wie die Schlüsselblume oder wie die »Blaue Blume«, den Weg zu den Schatzfelsen weisen und ihre Höhlen öffnen. Ist einer mit Hilfe des Vergißmeinnicht in den Berg gelangt, darf er es dort ja nicht liegen lassen. »Vergiß mein nicht« oder »vergiß das Beste nicht!«, ruft es dem Gierigen zu, und damit ist nicht der goldene Schatz im Felsen gemeint. In manchen Gegenden heißt es Blauer Himmelsschlüssel. Das Aufschließen von Himmel, Stein und Herzen ist sein Metier.

»Mit frauen minnegleich, sol man reden von claidern reich und von pluomen vergißmeinnicht«, heißt es in Vintlers »Plumen der Tugent«. Die minnegleichen Frauen, sie waren als einfache Mädchen vorhanden, und sie, aber auch die Burschen, brauchten das Kräutlein als Liebeszauber. Die jungen Liebhaber tragen es in den Hosentaschen, dann gefallen sie ihren Mädchen. Die Mädchen laufen während »ihrer Tage« über Vergißmeinnicht, und wenn ein Blutstropfen auf die Pflanze fällt, meinen sie, ihr Bursche liebt sie ewig. Ein Strauß Vergißmeinnicht darf in der Vase nicht welken, sonst wird die Jungfer nicht mehr geliebt.

Am Ende des 16. Jahrhunderts hat ein Pfarrer in der Wetterau milde Kritik am Aberglauben in einer Sammlung von Versen mit dem Namen »Paradeißgärtlein« geübt. Vom Vergißmeinnicht heißt es dort: »Diss Kräutlein Art und Eigenschafft – nicht viel man findt, soll geben Krafft – den Buhlern und sie machen werth – den Weibern, also gar verkehrt – sind abergläubisch Leut fürwahr, – und hilfft doch offtmals nit ein Haar«.

Entgegen Hildegard von Bingen wurde das Vergißmeinnicht, wie viele Boraginaceen, zu Heilzwecken gebraucht, besonders für die Augen. Daher hat es auch den Volksnamen blauer Augentrost. Der Name Jelängerjelieber, den es mit dem Geißblatt gemeinsam trägt, meint die Treue, ebenso der Name Susannenkraut: Susanna, beim Baden überrascht, verleumdet als Ehebrecherin, unschuldig zum Tod verurteilt, treu befunden.

Die himmelblaue Blume wird zum Symbol der Treue. Liebevolles Gedenken und Andenken wird durch sie versinnbildlicht und in Volksliedern besungen.

Auf dem Bildnis der »Heiligen Veronica« des Meisters von Flemalle sieht man am linken Bildrand, über Maiglöckchen und Wegerich, das Vergißmeinnicht blühen. Die »Medici-Madonna« Rogiers van der Weyden hat, links neben der Vase mit Lilie und Iris, die Pflanze zu Füßen. In seiner »Geschichte Johannes des Täufers« ist, auf der rechten Tafel mit der Darstellung der Enthauptung, in der rechten Ecke ein Vergißmeinnicht. Die »Beweinung Christi« nach Dirk Bouts zeigt eine kleine Vergißmeinnichtpflanze, am linken Rand des rechten Rasenstücks, neben der Blattrosette einer Königskerze.

Wegerich
Plantago major, Breitwegerich, Großer Wegerich
Plantago lanceolata, Spitzwegerich

Abbildung siehe Seite 88

Planta, lateinisch, heißt die Fußsohle. Die Blätter, vor allem die des Breitwegerichs, wurden mit Fußstapfen und Fußsohle verglichen und erklären den Namen. Ago, agere, bewegen, kommen und gehen. Plant-ago: wie man inzwischen weiß, kommt er, geht er, nämlich mit dem Menschen, indem er seine klebrigen Samen an die Fußsohlen und Schuhe, an die Hufe der Haustiere und Reittiere, selbst an die Räder der Wagen hängt und so als »sekundärer Kosmopolit« die Welt bevölkert. Die Indianer nennen ihn »Fußstapfen der Blaßgesichter«. Planta heißt aber nicht nur Fußsohle, sondern auch Pflanze. So haben wir in »Plantago« die innigste Verbindung, die die Menschenfüße mit diesem Kraut auf ihren Wegen haben.

Bei den Germanen war die Pflanze das »Läkeblad«, das Heilblatt, mittelhochdeutsch heißt »lachen« das Heilmittel und lachenaere ist der Zauberer, der Besprecher, der Arzt. Der alte Name »wegarih« gab zu der inzwischen bezweifelten Deutung Anlaß, das althochdeutsche rih, der König, spiele die sinngebende Rolle, und wegarih sei der »Wegbeherrscher«. Hingegen wird heute angenommen, rih sei lediglich die Endsilbe, wie sie auch Männernamen angehängt wurde, zum Beispiel in fridurih, Friedrich. Nichtsdestoweniger beherrscht wegarih die Szene auf Wegen und im Rasen.

Das Kraut gehört zu den neun Pflanzen eines angelsächsischen Kräutersegens. »Und du, Wegerich, Mutter der Pflanzen, offen nach Osten, mächtig im Innern: über dich knarrten Wagen, über dich ritten Frauen, über dich schritten Bräute, über dich schnaubten Farren; allen widerstandest du und setztest dich entgegen: So widerstehst du auch dem Gift der Ansteckung und dem Übel, das über das Land dahinfährt.« Das letztere ging auf die Pest.

Die meisten seiner Namen beziehen sich auf die Blätter. Auch das griechische arnoglosson, die Lammzunge. Dioskurides schreibt, schon durch Auflegen der Blätter werde die Wundheilung gefördert wegen ihrer austrocknenden und zusammenziehenden Kraft. Gegen Geschwülste und Drüsen sei der Saft wirksam. Augen- und Ohrentropfen, auch Augensalbe werden aus ihm hergestellt. Klystiere bei Dysenterie sind hilfreich, auch Zäpfchen aus Wolle, getränkt mit dem Saft gegen Gebärmutterkrämpfe und weißen Fluß. Das gesottene Gemüse helfe gegen Magenleiden.

Im »Pseudo Apuleius«, einem im 15. Jahrhundert nachgedruckten »Herbarius« des 5. Jahrhunderts, steht »herba plantago« vornean in der 130 Heilkräuter zählenden »Bestenliste«. Hier ist auch die älteste gedruckte Abbildung des Wegerichs, in der er zusammen mit einem Skorpion und einer Schlange zu sehen ist. (Heute noch gibt es Indianerstämme, die Schlangenbisse mit Wegerich heilen.)

Hildegard von Bingen meint, der Saft, mit und ohne Wasser getrunken, habe eine große purgierende Kraft und könne von angezauberter oder »angegessener« Liebe befreien. »Breitwegerichwasser ist gut, so ein mensch etwa zauberey oder lieb gessen hat, der sol das wasser vier oder fünf tag, allen tag dreymal trinken.«

Die wirksamen Inhaltsstoffe, wie Schleime, Bitterstoffe, Gerbsäuren, Harze, Öle und andere, sind heute aufgeklärt. Vor der Aufklärung florierten Riten wie diese: Zu Johanni vor Sonnenaufgang gesammelten Wegerichsamen stößt man zu Pulver, mischt mit Weihwasser, füllt damit einen Gänsekiel und verstopft ihn mit Jungfernwachs. Wer diesen Kiel trägt, wird von allen geliebt. Ein Amulett aus der Wurzel, besonders für Kinder, muß an den Hals, auf den Rücken, mit einem roten Faden um den Kopf oder an die Stirn gebunden werden. Oder mit einem blauen Faden. Der Mond muß auf- oder untergehen, die Sonne soll mittags scheinen. Dreimal, fünfmal, siebenmal muß man beten, das Ave oder ein Vaterunser. Vor und zurück vergrößert man die Zahl der einzunehmenden Samen, und der Modus des Ausgrabens spielt eine entscheidende Rolle. Als Sympathiemittel heilen die Blätter die Füße, beseitigen Hornhaut der Barfüßer, ja sogar Hühneraugen.

Orakelpflanze ist der Wegerich, wenn man sein Blatt quer durchreißt. Die herausstehenden Adern zeigen an: die Zahl der Sünden, der Lügen, der Liebhaber, der Kinder, die man bekommt, oder auch der Jahre, die man noch lebt.

Uralt ist die Verbindung von Wegerich und Mensch. Aus dem Quartär gibt es fossile Pollenfunde. Seit dem Neolithikum ist er »Kulturanzeiger«.

Heute kennt man etwa 275 Arten. Bei uns heißt Breitwegerich auch: Hasenohr, Wegbreite, Hundszunge, Katzenschwanz, Wundkraut, Vogelsame und Hühneraugenwurz, der mittlere Wegerich: Himmelsbrot und Schokoladenblume, der Spitzwegerich Katzenzunge usw.

Als Symbol steht Plantago zuerst für den ausgetretenen Weg, aber auch für die vielen, die den Pfad Christi suchen. Der Spitzwegerich, mit seinem Lanzettenblatt, wird zum Attribut der Passion und mit dem Speer, der Christi Seite öffnet, verglichen. Die sieben Blätter der Pflanze versinnbildlichen die sieben Gaben des Heiligen Geistes. Die bescheidene Pflanze bedeutet die Demut der Jungfrau Maria und auch der Heiligen Familie. Sie ist ein Symbol der Heilung und des ewigen Heils.

Auch auf den Bildern im Städel ist der Wegerich weit verbreitet. Im »Paradiesgärtlein« wachsen, am Brunnenrand links, ein Spitzwegerich und vorn eine Breitwegerichpflanze. Der Meister von Flemalle malt der »Heiligen Veronica«, links über dem Maiglöckchen, einen blühenden Breitwegerich und der »Maria lactans« Spitzwegerichblätter, in der Wiese verstreut. In der »Beweinung Christi« nach Dirk Bouts blüht der Breitwegerich unten in der Bildmitte. Eine Blattrosette findet sich, auf dem oberen Rasenstück, am Rocksaum der Maria Magdalena. In den »Passionsszenen« eines mittelrheinischen Meisters erscheint er auf der Mitteltafel unter dem Gewandsaum der Heiligen Veronica. Rogier van der Weyden setzt einen Spitzwegerich in das Bild der »Medici-Madonna«, rechts außen hängen seine Blätter über die Balustrade, zu Füßen des Heiligen Damian mit dem Löffel. In der »Taufe Christi« von Hans Baldung gen. Grien gibt es eine Breitwegerichpflanze am unteren Bildrand zwischen Christus und Johannes. Die Tafel nach Art des Hausbuchmeisters vom »Heiligen Nikolaus von Bari und Quirinus« zeigt eine Wegerichblattrosette zu Füßen des Quirinus. Die »Ruhe auf dem Kreuz, Kreuzannagelung und Kreuzaufrichtung Christi« eines süddeutschen Meisters hat, auf der linken Seite unten Breitwegerich stehen. Den mittleren Wegerich findet man, nicht blühend, bei der »Heiligen Sippe« des Meisters der Heiligblut-Kapelle, in der rechten Ecke und, zwischen den Stengeln der Akelei, ein blühendes Exemplar. Am Bildrand links, unter dem roten Gewand des Stifters, in der Darstellung »Die Heilige Nacht« von Bartholomäus Bruyn d. Ä. ist eine Breitwegerichpflanze.

Wegwarte
Cichorium intybus
Abbildung siehe Seite 89

Horaz sagt kichoria, Theophrast und Dioskurides sagen kichorion und Dioskurides sagt außerdem intybus agrestis. Kio, ich gehe, und chorion, am Feld. Das entspricht dem deutschen Namen Wegwarte. Es ist die, die neben dem Feld auftritt. Die Pflanze intybus oder intubum ist auch die »Endivie«, amaris intiba fibris, die mit den bitteren Fasern.

Das ist die eine Seite. Sieht man die Blüte an, wird alles anders. Konrad von Megenberg erklärt: »Cichorea heißt Sonnenwende oder auch Ringelkraut und lateinisch Solsequium oder Sponsa Solis, das ist Sonnenbraut. Die Blume wird auch Dionysia genannt und öffnet sich beim Sonnenaufgang«. Das kommt uns bekannt vor, zum Beispiel von der Ringelblume. Das Öffnen und Schließen der Blüten, die Photonastie, verführte dazu, verschiedenartige Pflanzen mit dieser Eigenschaft, für ein und dieselbe zu halten. Solsequium, eliotropia, mirasolis und sogar Calendula wird die Wegwarte deshalb in Glossaren und Kräuterbüchern genannt.

Hildegard von Bingen hat für sie den Namen sunnenwirbel. Platearius, den Megenberg zitiert, nennt das Kraut eröffnend und anfeuchtend. Es wächst gerne, sagt er, auf festgetretenem Boden und an den Wegen, hat einen sehr harten Stengel und eine Blüte von bläulicher oder gelblicher Färbung, »wie des Edelsteines Hyazinth«. Brunfels schreibt über die »Krafft und Würkung: Löschet die Hitz des Magens und das höllische Fieber. Erquicket das entzündet Hertz. Soll auch in der Pestilenz gebraucht werden«. Er erwähnt ein Rezept gegen Warzen aus dem 4. Jahrhundert und nennt Wegwarte eine

Zauberpflanze, von der die Magier sagen, wenn man sich mit dem mit Öl vermischten Saft der ganzen Pflanze salbe, so würde man von anderen mehr Gunstbezeigungen und alles, was man wolle, erhalten. Andere berichten: die Wurzel geschabt, den Saft mit Zucker getrunken, in das Loch der ausgegrabenen Wurzel den eigenen Urin und zuscharren: damit verschwindet die Krankheit im Geiste eines Sympathiemittels. Die Wurzel der blauen und besonders der weißen Wegwarte soll man aber einer Gebärenden unterlegen, zur Beschleunigung der glücklichen Geburt.

Johannes Schroeder sagt: »Die Zigeuner und Marktschreier halten die Wegwarten mit weißen Blumen vor das größte Geheimnüß wider das Blutspeien. Sie wirkt gegen die hypochondrische Krankheit, beseitigt alte Fieber«. Im Mund, unter der Zunge getragen, soll sie wirken, sofern sie recht gesammelt wird.

Was das »rechte« Sammeln betrifft, gelten die mannigfaltigsten Regeln. Man faßt sie nur mit einem Tuch an, nachdem man sie mit einem Silberstück ausgegraben und dazu gesprochen hat: »Creutle ich prich dich im namen unsers herren Jhesu Christi und in des namen kraft … als muß aller meiner feind hertz und gemuot und kraft nider vallen vor disem und mir nichts geschehen, und sie all niderfallen in nomine patris et spiritus sancti, Amen.« Man gräbt an Mariae Himmelfahrt vor Sonnenaufgang die seltene weiße Wegwarte. Am Domenicustag, an Peter und Paul, an Jacobi, sogar am Palmsonntag, wo sie noch gar nicht blüht, und auch bei Vollmond die blaue, und immer soll das zu Gegenliebe führen. Pflücken aber, denn man braucht ja nicht nur die Wurzel, pflücken kann die Wegwarte eigentlich nur ein Sonntagskind.

Die mit einem Geweih vom Hirsch, dem Sinnbild der Sonne, an einem Aposteltag ausgegrabene Pflanze macht hieb- und stichfest. »Nimm Radichor (Radix ci-

chorii), iß sie nüchtern, so kann dich niemand hauen«.
Ist man beraubt worden, legt man eine Wurzel unter das
»Haupt im Bette«, so erscheint der Dieb im Traum. Unter
dem Kopfkissen eines Mädchens, träumt dieses vom
Liebsten.

Den ganzen Sommer steht Wegwarte an Weg- und
Straßenrändern. Jeden Tag schlägt sie in der Sonne neue
Augen auf, und die uralte Lust, Blumen zu vermenschli-
chen, hat in ihr eine Jungfrau gesehen, die auf ihren Geliebten wartet. Der ist nicht aus dem Krieg zurückge-
kehrt, von der Wanderschaft nicht heimgekommen. Das
Mädchen will keinen andern, lieber will es eine Blume
sein, und wird zur Wegwarte. »Die begwart sey gewes-
senn aine frawe czart und wart jrs pullen noch mit
schmerzen«, steht in Vintlers »Blume der tugend« von
1411. Sie war auch eine untreue Jungfer, die der Fluch
des Vaters in die Blume verwandelt hat, so heißt sie dann
Verfluchte Jungfer.

Lange galt es als »Wunder«, daß die blaue Wegwarte,
legte man sie in einen Ameisenhaufen, rot wurde. Der
Farbstoff Anthocyan reagiert auf die Ameisensäure mit
Erröten (siehe Boretsch).

Im Altertum soll man kichoria schon gegessen, aber
wegen ihrer Bitterstoffe nicht sehr geschätzt haben. Sie
wurde ein Futtermittel. Um die Mitte des 18. Jahrhunderts kam die Wurzel als Kaffeezusatz in Mode und
wurde später fabrikmäßig verarbeitet zu dem bekannten
Surrogat »Zichorienkaffee« und zu Zichorie als Kaffeezusatz. Im Winter werden aus den Wurzeln im Dunkeln
die bananenförmigen Sprosse, die Chicorée, für Salat
und Gemüse getrieben.

Merkwürdige alte Namen sind bumbelwurze, him-
mellouch, hindefre und hintleufte, vielleicht nach den
sperrigen verzweigten Stengeln. In »Ziegenbein« ver-
meint man das Wort Zichorie zu hören.

In der »Geburt Christi« des Meisters von Pfullendorf wächst eine blühende Wegwarte unter einem Stein hervor. Sie steht hier wohl in ihrer Bedeutung als eine Hilfe bei der Geburt.

Ziest, Betonie
Stachys officinalis

Das griechische Wort für die Kornähre, stachys, gibt der Gattung der Zieste den Namen. Die Blütenstände von Lippenblütlern sind oft Trauben oder Ähren, der alte Namen einer Lavendelart, stoechas oder stoichas, bezog sich ebenfalls auf diese »Ähre«. Der Volksname Ziest ist slawischer Herkunft, aus dem russischen tschistit, reinigen, entstanden. Dioskurides nannte die Pflanze kestros. Sie war ein berühmtes Heilmittel und Zauberkraut, dessen Name immer wieder anders gedeutet und dabei auch entstellt wurde.

Von dem früher gebräuchlichen und wichtigen Namen Betonica schreibt Brunfels: »Plinius meint, dass die Vetones in Hispanien disem Kraut seinen ersten Namen geben haben, und solche auch zuallererst seine Kräfte erlernet, welcher ihm bis auf den heutigen Tag bei den Teutschen bliben, so es auch Betonica nennen. Es wird auch genannt Serratula, darum, daß sein Blatt ringsum einer Sägen gleich ist«. Vetonica – Betonica, die Pflanze Veronica, das Ehrenpreis, soll dieselbe sprachliche Wurzel haben. Auch eine Deutung aus dem Keltischen wurde versucht: »bentonik« aus ben, der Kopf, und ton, gut. Gut dem Kopf, ein Kopfwehmittel? Wahrscheinlich ist der Name aber viel älter, die Pflanze wurde schon im alten Ägypten gebraucht.

Althochdeutsch nannte sich unser Kräutlein bathenia; pandonia, bethemen und bachenia bei der Heiligen Hildegard, betonica bei Albertus Magnus und bei Megenberg, der ihn verdeutscht zu patönig. Später gibt es die Batunge und Batenge, die auch die Schlüsselblume war, aber ebenfalls und in erster Linie der Heilziest.

»Betonic haizt patönig. Das Kraut ist haiz und trucken und seine Pleter sind zuo Arznei guot. Es sei daz Kraut grüen oder dürr, so hat es vil Kreft, wenn man es seudet mit Wermoutsaft, so ist es guot für dem Hauptsiechtum. Alexander spricht, wer es nüechtern trink oder ezze, das macht diu Augen scharpf ...«, so Megenberg. Und sodann Brunfels: »Es haben die alten Heyden mit diesem Kraut viel Zauberei und Hexenwerk getrieben, auch sonderliche Zeremonien, oder Handgeber gehabt, solches an seiner Statt und zu seiner Zeit zu graben. Von mir, weil es eitel Aberglaub ist, mit Fleiß unterlassen. Vertreibt Larven, böse teuflische Gespenster, böse Feind, giftige Würmer und Thiere, wo es wächst. Welches ich nicht widerspreche. Und ich weiß noch mehr Kräuter, welche, so man sie bei sich trägt und die besessenen Menschen damit anrührt, mögen sie es nit leiden, und Gott der Herr hat solche Kraft den Kräutlein wohl geben. Meßlesen darüber und abergläubisch Gebet sprechen ist aber eitel Narrenwerk.«

Vom Heilen viel Rühmens. Hieronymus Bock, in seiner für heutige Leser witzigen Art, gibt solche Rezepte: »für zerbrochene Hirnschal Kügelchen aus Frauenmilch, Fichten- und Tannenharz kochen, gedörrte Betonienblätter gepulvert hinein. Mit Frauenmilch nocheinmal begießen, eine Woche darin liegen lassen, aber jeden Tag jedes neu in den Händen zerdrücken und formen und ballen. Nach acht Tagen Kügelchen in verglasurierten Hafen oder hültzen Büchsen. Wenn man es braucht, zerlassenes Tannenharz in die Wunden und mit Kügelchen zufüllen, mit Salben und leinen Tüchlein zudecken.«

Als Schlangen abwehrend bleibt die Betonie lange Zeit

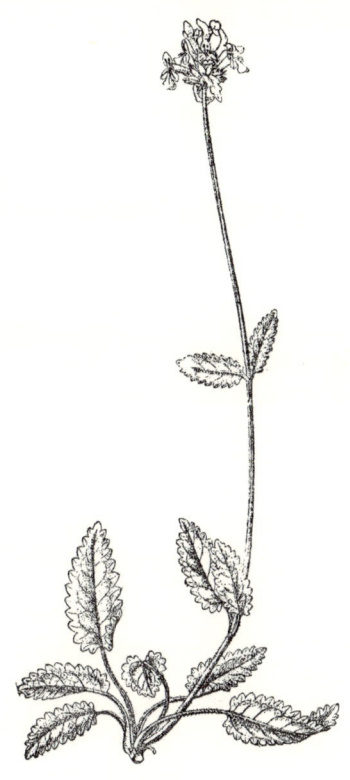

Ziest, Betonie
Stachys betonica
Familie: Labiatae (Lamiaceae)

beliebt. Gegen angezauberte und angehexte Liebe wurde sie ausgegraben von den »patonnerynnen«, den professionellen Weibern, die selber zauberten. Das sündhafte und exzessive Patoniengraben wurde im 14. Jahrhundert in den frommen »Gewissensspiegeln« angegriffen und schließlich verboten.

Das alte Kräutlein hat seine Rolle ausgespielt. Die Zauberkraft und die Heilkraft sind nicht mehr sehr wirksam. Zwar weiß man viel von seinen einzelnen chemischen Stoffen, in der modernen Medizin hat man fürs Ganze jedoch wenig Verwendung. In der Volksmedizin gibt es die »Herbae Betonicae« für Tee, ein Destillat, das Betonienwasser, auch Sirup, Pulver und Betonienzukker, vor allem hilfreich bei Erkrankung der Atemwege und für Beschwerden im Verdauungstrakt.

Nur die Italiener bewahren in alten Sprüchen die einstige Bedeutung: »Venda la tonica e compra betonica« (verkauf dein Gewand und kauf Betonica). Und für ganz Tugendsame das Lob: »Du hast mehr Tugenden als die Betonie«.

Das Heil- und Tugendkraut unterbreitet sich im Vordergrund des Bildes »Christus am Kreuz mit Maria und Johannes« der Szene. Es wurde von einem rheinischen Meister gemalt, der die Pflanze ziemlich düster und silhouettenhaft darstellt.

Anhang

Literatur

Aigremont, Dr., Pseudonym für Sigmar v. Schultze-Gallera, Volks-
erotik und Pflanzenwelt, Halle und Leipzig 1908/09

Balss, Heinrich, Albertus Magnus als Biologe, Große Naturforscher,
Bd. 1, Wiss. Verlagsgesellschaft MBH, Stuttgart 1947

Behling, Lottlisa, Die Pflanze in der mittelalterlichen Tafelmalerei,
Weimar 1957

–, Zur Morphologie und Sinndeutung kunstgeschichtlicher Phäno-
mene, Köln/Wien 1975

Bernhart, Joseph, Die Symbolik im Menschwerdungsbild des Isen-
heimer Altars, München 1921

Biese, Alfred, Das Naturgefühl im Wandel der Zeiten, Leipzig 1926

Bock, Hieronymus, Kräuterbuch des Weitberhümten und Hocher-
fahrenen Herrn Hieronymi Tragi genant Bock, Straßburg 1637

Brunfels, Otto, Contrafayt Kreüterbuch nach rechter vollkommener
Art ..., Straßburg 1532

Dierbach, Johann Heinrich, Flora Mythologica oder Pflanzenkunde
in Bezug auf Mythologie und Symbolik der Griechen und Römer,
Frankfurt am Main 1833

Falke, Jakob v., Der Garten, seine Kunst und Kunstgeschichte, Berlin und Stuttgart 1885

Fischer, Hermann, Mittelalterliche Pflanzenkunde, Geschichte der
Wissenschaften, Botanik 2, München 1929

Fischer-Benzon, Rudolf von, Altdeutsche Gartenflora, Kiel und Leipzig 1894

Frazer, Sir James George, Der goldene Zweig, Eine Studie über Magie und Religion, Köln 1977

Fritz, Rolf, Aquilegia, Die symbolische Bedeutung der Akelei, Köln
1952

Fuchs, Leonhart, New Kreüterbuch, Basel 1543, Reprint München
1964

Gebhardt, Carl, Der Meister des Paradiesgartens, Repertorium für
Kunstwissenschaft, Bd. 28, Berlin 1905

Handwörterbuch des Deutschen Aberglaubens, Berlin und Leipzig
1927–1942

Hartlieb, Johannes, Das Kräuterbuch des Johannes Hartlieb, Hrsg.
F. Speta, Graz 1980

Hegi, Gustav, Illustrierte Flora von Mitteleuropa, 1. Aufl. München 1907-1929, 2. Aufl. Hamburg 1936-1963, 3. Aufl. Berlin/Hamburg seit 1967

Heinemann, Elisabeth, mündliche Mitteilung der langjährigen Mitarbeiterin des Städel

Heilmann, Karl Eugen, Kräuterbücher in Bild und Geschichte, München-Allach 1966

Hennebo, Dieter, Gärten des Mittelalters, München und Zürich 1987

Hildegard von Bingen, Naturkunde, Das Buch vom inneren Wesen der verschiedenen Naturen in der Schöpfung, Salzburg 1959

Huysmans, Joris-Karl, Geheimnisse der Gotik, München/Berlin 1918

Killermann, Sebastian, A. Dürers Pflanzen- und Tierzeichnungen, Studien zur deutschen Kunstgeschichte, Bd. 119, Straßburg 1910

Levi d'Ancona, Mirella, The Garden of the Renaissance, Botanical Symbolism in Italian Painting, Florenz 1977

Löber, Karl, Agaleia. Erscheinungen und Bedeutung der Akelei in der mittelalterlichen Kunst, Köln/Wien 1988

Marzell, Heinrich, Die Tiere in deutschen Pflanzennamen, Bot. Beitrag zur deutschen Sprache, Heidelberg 1913

–, Die heimische Pflanzenwelt in Volksbrauch und Volksglauben, Leipzig 1922

–, Die Pflanzen im deutschen Volksleben, Jena 1925

–, Alte Heilkräuter, Jena 1926

–, Leonhart Fuchs und sein New Kreüterbuch, Leipzig 1938

–, Geschichte und Volkskunde der deutschen Heilpflanzen, Stuttgart 1938

–, Himmelsbrot und Teufelsleiter, München 1951

–, Wörterbuch der deutschen Pflanzennamen, Leipzig 1937-1956

Matthioli, Pier Andrea, Theatrum Botanicum, das ist Neu vollkommen Kräuterbuch ..., vermehrt und verbessert durch Theodor Zwingerum, Basel 1696

Megenberg, Konrad von, Das Buch der Natur, Hrsg. Franz Pfeiffer, Stuttgart 1861

Meyer, Ernst H. F., Geschichte der Botanik, 4 Bde., Königsberg 1854-1857

Möbius, Martin, Geschichte der Botanik, Jena 1937

Moggi, Guido, Le piante nelle pittura italiana dei secoli XV e XVI, Hrsg. Wolfram Prinz und Andreas Beyer, Acta humaniora, Weinheim 1987

Molsdorf, Wilhelm, Christliche Symbolik der mittelalterlichen Kunst, Leipzig 1926

Müller-Jahncke, Wolf-Dieter, Die botanische Illustration des 14. und 15. Jahrhunderts in Italien, Hrsg. Wolfram Prinz und Andreas Beyer, Acta humaniora, Weinheim 1987

Münzel, Gustav, Das Frankfurter Paradiesgärtlein, in »Das Münster«, Jahrg. 9, Heft 6, München 1956

Panofsky, Erwin, Sinn und Deutung in der bildenden Kunst, Köln 1975

Paradiesgärtlein, Das, von einem oberrheinischen Meister um 1410, Einführung von Gustav Friedrich Hartlaub, Kunstbrief 10, Berlin 1947

Radl, Walter, Geschichte der biologischen Theorien der Neuzeit, Leipzig und Berlin 1913

Reinitzer, Heino, Der verschlossene Garten, Der Garten Marias im Mittelalter, Wolfenbütteler Hefte 12, Wolfenbüttel 1982

Rosen, Felix, Die Natur in der Kunst, Leipzig 1903

Salzer, Anselm, Die Sinnbilder und Beiworte Mariens in der deutschen Literatur und lateinischen Hymnenpoesie des Mittelalters, Linz 1893

Schmölders, Claudia, Vom Paradies und anderen Gärten, Köln 1983

Schreiber, Wilhelm Ludwig, Die Kräuterbücher des 15. und 16. Jahrhunderts, München 1924

Schroeder, Johannes, D. Johannis Schroeders trefflich versehene Medicin-chymische Apotheke ..., Nürnberg 1693

Sierp, Heinrich, Walafried Strabos Gedicht über den Gartenbau in »Kultur der Abtei Reichenau«, München 1925

Spelter, Peter, Die Pflanzenwelt im Glauben und Leben unserer Vorfahren, Hamburg 1900

Stoffler, Hans Dieter, Der Hortulus des Walahfried Strabo, Aus dem Kräutergarten des Klosters Reichenau, Sigmaringen 1978

Stranz, Minna von, Die Blumen in Sage und Geschichte. Berlin 1875

Sturm, Jakob, Sturms Flora von Deutschland in Abbildungen nach der Natur, 15 Bde., 2. umgearbeitete Auflage, Stuttgart 1900-1907

Tabernaemontanus, Jacobus Theodorus aus Bergzabern, Neu vollkommen Kraeuter-Buch, Offenbach 1731

Vogellehner, Dieter, Pflanzendarstellungen in Wissenschaft und Kunst, Freiburg 1984

Winckler, Ernst, Geschichte der Botanik, Frankfurt/M. 1854

Wolffhardt, Elisabeth, Beiträge zur Pflanzensymbolik, in »Zeitschrift für Kunstwissenschaft«, Bd. 8, Heft 3/4, Berlin 1954

Wonnecke, Johann, Hortus Sanitatis deutsch des Wonnecke von Cube (Kaub), Mainz 1485, Reprint o. O. 1966

Zander, Robert, Handwörterbuch der Pflanzennamen, 13. Auflage. Neu bearbeitet von Encke, Buchheim und Seybold, Stuttgart 1984

Verzeichnis der Bilder
mit den in ihnen bestimmbaren Pflanzen

Kabinett 4

1177

Maestro del Bambino Vispo, Florenz um 1420, Christus als Salvator Mundi, Verkündigung Mariae · *Lilie*

Kabinett 5

1089

Toskanischer Meister, 2. Hälfte des 15. Jahrh., sog. Pseudo Pier Francesco Fiorentino, Maria mit Kind und Engeln im Rosenhag · *Lilie, Nelke, Rose, Schwertlilie*

1077

Bartolomeo da Venezia zugeschrieben, nachweisbar 1502-1546, Weibliches Brustbild (Lucretia Borgia) · *Akelei, Gänseblümchen, Hahnenfuß*

Saal A

802

Hugo van der Goes, um 1440-1482, Madonna mit dem Kind, Mitteltafel eines Marientriptychons · *Nelke*

920

Petrus Christus, um 1415-1473, Madonna mit dem hl. Hieronymus und dem hl. Franz von Assisi, datiert 1457 · *Rose*

850

Rogier van der Weyden, 1399/1400-1464, Maria mit dem Kinde, hl. Petrus, hl. Johannes d. T., hl. Cosmas, hl. Damian, »Medici-Madonna«, nach 1450 · *Blutwurz, Ehrenpreis, Erdbeere, Günsel, Hahnenfuß, Knöterich, Klee, Lilie, Margerite, Nelkengewächs, Schwertlilie, Storchschnabel, Veilchen, Vergißmeinnicht, Wegerich*

878

Niederländischer Meister, 1. Viertel des 16. Jahrh., nach Rogier van der Weyden, Die Geschichte Johannes des Täufers, »Johannesaltar« · *Distel, Frauenmantel, Gänseblümchen, Hahnenfuß, Löwenzahn, Nelkengewächs, Nelkenwurz, Salbei, Veilchen, Vergißmeinnicht*

1268

Niederländischer Meister, 4. Viertel des 15. Jahrh., nach Dirk Bouts (1420-1475), Beweinung Christi · *Ehrenpreis, Eisenhut, Günsel, Königskerze, Löwenzahn, Nelkenwurz, Sauerampfer, Taubnessel, Vergißmeinnicht, Wegerich*

939

> Meister von Flemalle, *1375-1444*, Maria lactans · Diptam, Eisenhut,
> Gänseblümchen, Gänsefingerkraut, Klee, Margerite, Nelkenge-
> wächs, Ringelblume, Veilchen, Wegerich

939 (A)

> Meister von Flemalle, 1375-1444, Heilige Veronica · *Boretsch, Eh-*
> *renpreis, Gauchheil, Hahnenfuß, Löwenzahn, Lungenkraut, Mai-*
> *glöckchen, Nelkengewächs, Odermennig, Taubnessel, Vergißmein-*
> *nicht, Wegerich*

Saal B

969

> Bartholomäus Bruyn d.Ä., 1493-1555, Bildnis einer Frau · *Nelke*

HM 38

> Art des Hausbuchmeisters, 4. Viertel des 15. Jahrh., Die Heiligen
> Nikolaus von Bari und Quirinus · *Wegerich*

1824

> Conrad Faber von Creuznach, um 1500-1552/53, Bildnis der Mar-
> garete Stralenberg · *Gänseblümchen, Nelke*

1652

> Bartholomäus Bruyn d.Ä., 1493-1555, Die Heilige Nacht, datiert
> 1516 · *Akelei, Gänseblümchen, Storchschnabel, Veilchen, Wegerich*

HM 43

> Süddeutscher Meister um 1490, Ruhe auf dem Kreuz, Kreuzanna-
> gelung und Kreuzaufrichtung Christi · *Akelei, Gänseblümchen,*
> *Klee, Veilchen, Wegerich*

Saal C

970

> Meister der Heiligblutkapelle (du Saint Sang), um 1520, Die Hei-
> lige Sippe · *Akelei, Erdbeere, Gänseblümchen, Königskerze, Löwen-*
> *zahn, Sauerampfer, Veilchen, Wegerich*

715

> Meister von Frankfurt, tätig in Antwerpen zw. ca. 1480 und 1525,
> Kreuzigung Christi · *Akelei, Erdbeere, Gänseblümchen, Gauchheil,*
> *Günsel, Gundermann, Immergrün, Klee, Nelkenwurz, Taubnessel*

Saal D

SG 453-456

Meister von Pfullendorf um 1500, Die Verkündigung, Die Heimsuchung, Die Geburt Christi, Der Tod Mariae · *Eisenkraut, Hahnenfuß, Maiglöckchen, Wegwarte*

HM 1-5

Mittelrheinischer Meister um 1420, Kreuzigungsaltar aus der
Peterskirche Frankfurt a. M. · *Erdbeere, Gänseblümchen, Wegerich*

HM 6-20

Hans Holbein d. Ä., 1460-1524, Hochaltar aus der Frankfurter Do-
minikanerkirche · *Boretsch, Erdbeere, Klee, Knöterich, Margerite,
Mohn, Salbei, Storchschnabel*

HM 21

Hans Baldung gen. Grien, 1484/85-1545, Taufe Christi · *Erdbeere,
Hahnenfuß, Wegerich*

HM 40

Martin Caldenbach, 1480-1518, Darbringung Christi im Tempel ·
*Goldlack oder Nelkengewächs, Kornblume, Maiglöckchen, Rose,
Schlüsselblume, Stiefmütterchen, Veilchen*

SG 600

Martin Caldenbach, 1480-1518, Heilige Anna Selbdritt · *Erbse,
Goldlack oder Nelkengewächs, Kornblume, Nelke, Rose*

HM 45

Rheinischer Meister der 2. Hälfte des 15. Jahrh., Christus am
Kreuz mit Maria und Johannes · *Ziest*

Verzeichnis der Pflanzen
und ihr Vorkommen in den einzelnen Bildern
nach den Inventarnummern

Gundermann, Gundelrebe, Glechoma hederacea
   715

Hahnenfuß, Ranunculus bulbosus, R.acer
   939 (A); 850; 878; HM 21; SG 453-456; 1077

Immergrün, Vinca minor
   HM 54; 715

Klee, Trifolium pratense, Melilotus officinalis
   HM 54; 939; 850; HM 43; 715
   Medigago species HM 6-20

Knöterich, Natterwurz, Polygonum bistorta, Flöhkraut, P.persicaria
   850; HM 6-20

Königskerze, Verbascum species
   821-832; 1268; 970

Kornblume, Centaurea cyanus
   SG 600; HM 40

Lilie, Lilium candidum
   HM 54; 850; 1177; 1089

Löwenzahn, Taraxacum officinalis
   939 (A); 2079; 878; 1268; 970

Lungenkraut, Pulmonaria officinalis
   939 (A)

Märzbecher, großes Schneeglöckchen, Leucojum vernum
   HM 54

Maiglöckchen, Convallaria majalis
   HM 54; 939 (A); SG 453-456, HM 40

Malve, Malva neglecta, Althaea species
   HM 54

Margerite, Wucherblume, Chrysanthemum leucanthemum
   HM 54; 939; 850; HM 6-20

Mohn, Klatschmohn, Papaver rhoeas, Schlafmohn, P.somniferum
   HM 6-20

Nelke, Dianthus caryophyllus
   802; 1065; SG 457; 1824; 969; SG 600; 1089

Nelkengewächse, Silenoideae
   HM 54; 939; 939 (A); 850; 878; SG 448; SG 600, HM 40

Nelkenwurz, Benediktenkraut, Geum urbanum
   878; 1268; 715

Odermennig, Agrimonia Eupatoria
   939 (A)

Pfingstrose, Gichtrose, Paeonia officinalis
HM 54
Ringelblume, Calendula officinalis
939
Rose, Heckenrose, Hundsrose, Rosa centifolia, R.canina
HM 54; 920; 1089; HM 40; SG 600
Salbei, Salvia officinalis
878; HM 6-20
Sauerampfer, Rumex acetosa
1268; 970
Schlüsselblume, Primula officinalis
HM 54; HM 40
Schwertlilie, Iris germanica, I.florentina
HM 54; 850; 1089
Senf, weißer Senf, Sinapis alba
HM 54
Stiefmütterchen, Viola tricolor
HM 40; 1065
Storchschnabel, Geranium rotundifolium
Ruprechtskraut, G. Robertianum
850; HM 6-20; 1652
Taubnessel, Lamium album, Lamium maculatum
HM 54; 939 (A); 1268; 715
Veilchen, Viola adorata
HM 54; 939; 821-832; 850; 878; 2079; HM 43; HM 40; 970; 1652
Vergißmeinnicht, Myosotis palustris
939 (A); 850; 878; 1268
Wegerich, Breitwegerich, Plantago major
Spitzwegerich, P. lanceolata
HM 54; 939; 939 (A); 1268; HM 1-5; 850; HM 21; HM 38; HM 43; 970; 1652
Wegwarte, Cichorium intybus
SG 453-456
Ziest, Betonie, Stachys betonica, St.officinalis
HM 45

Kunst und Musik
im insel taschenbuch

157/1/10.90

Kunst und Musik
im insel taschenbuch

Kunst und Musik
im insel taschenbuch

Kulturgeschichte
im insel taschenbuch

166/1/10.90

158/1/10.90

Literatur und Reisen
im insel taschenbuch

158/2/10.90

Literatur und Reisen
im insel taschenbuch

158/3/10.90

Alte Welt und Mittelalter
im insel taschenbuch

151/1/10.90

Alte Welt und Mittelalter
im insel taschenbuch

Alte Welt und Mittelalter
im insel taschenbuch

Alte Welt und Mittelalter
im insel taschenbuch

151/4/10.90